수능 준비를 위해 전 고교 한문 교과서에서 엄선

고교 한자 펜글씨 교본

김영배 편

도서출판 신나라

고교한자 펜글씨 교본

지은이 | 김영배
펴낸이 | 임종천
펴낸곳 | 도서출판 신나라
등록일 | 1991년 10월 14일
등록번호 | 제 6-136호
주소 | 130-062 서울시 동대문구 제기 2동 148-17
전화 | 929-2882
팩스 | 927-2593

ⓒ 신나라, 2002, Printed in Korea

머리말

　본「고교한자 쓰기 교본」은 여러 종의 한문교과서에 있는 내용 중 그 어휘를 엄선하여 충실한 부교재의 역할을 할 수 있도록 한권의 쓰기 교본으로 엮었습니다.
　이 책은 교과서의 내용을 보다 쉽게 이해할 수 있도록 되도록이면 어휘마다 예문을 달았고 같은 어휘라도 상용어휘로 쓰일 때와 교과서 내용과 그 해석이 다른 경우 풀이를 두 가지로 하였으며 무엇보다도 표제자마다 부수와 총획수를 달아 익히는데에 어려움이 없도록 하였습니다. 그리고 훈음도 중요한 자(字)는 두 가지로 달아 보다 충실한 부교재로써의 역할을 할 수 있도록 최선을 다하였습니다. 부록편에는 교과서의 내용 중 반복되는 고사성어를 정선하여 실었으므로 여러 종의 한문 교과서 중 어떤 책을 공부하더라도 무리가 없도록 기획하였습니다.
　끝으로 한문 교과서를 공부하시는 학생들에게「고교한자 쓰기 교본」이 훌륭한 교재가 되었으면 하는 바람입니다.

편 자

한자의 기본 점 · 획

◆ 기본이 되는 점과 획을 충분히 연습한 다음 본문의 글자를 쓰십시오.

上	一	一			一		
工	二	二			二		
土	三	三			三		
少	丿	丿			丿		
大	丿	丿			丿		
女	乀	乀			乀		
人	丨	丨			丨		
寸	丨	丨			丨		
下	丨	丨			丨		
中	丨	丨			丨		
目	𠃍	𠃍			𠃍		
句	𠃌	𠃌			𠃌		
子	乚	乚			乚		

한자의 기본 점·획

◆ 기본이 되는 점과 획을 충분히 연습한 다음 본문의 글자를 쓰십시오.

京	、				、			
永	、				、			
小	八				八			
火	丷				丷			
千	ノ				ノ			
江	氵				氵			
無	灬				灬			
起	走				走			
建	廴				廴			
近	辶				辶			
成	㇂				㇂			
毛	㇄				㇄			
室	宀				宀			
風	㇈				㇈			

일러두기

1. 바른자세

글씨를 예쁘게 쓰고자 하는 마음과 함께 몸가짐을 바르게 해야 아름다운 글씨를 쓸 수 있다. 편안하고 부드러운 자세를 갖고 써야 한다.
① 앉은자세 : 방바닥에 앉은 자세로 쓸 때에는 양 엄지 발가락과 발바닥의 윗 부분을 얕게 포개어 앉고, 배가 책상에 닿지 않도록 한다. 그리고 상체는 앞으로 약간 숙여 눈이 지면에서 30cm 정도 떨어지게 하고, 왼손으로는 종이를 가볍게 누른다.
② 걸터앉은 자세 : 걸상에 앉아 쓸 경우에도 앉을 때 두 다리를 어깨 넓이만큼 뒤로 잡아 당겨 편안한 자세를 취한다.

2. 펜대를 잡는 요령

① 펜대는 펜대끝에서 1cm가량 되게 잡는 것이 알맞다.
② 펜대는 45~60°만큼 몸쪽으로 기울어지게 잡는다.
③ 집게 손가락과 가운데 손가락, 엄지 손가락 끝으로 펜대를 가볍게 쥐고 양손가락의 손톱 부리께로 펜대를 안에서부터 받쳐 잡고 새끼 손가락을 바닥에 받쳐 준다.
④ 지면에 손목을 굳게 붙이면 손가락 끝 만으로 쓰게 되므로 손가락 끝이나 손목에 의지하지 말고 팔로 쓰는 듯한 느낌으로 쓴다.

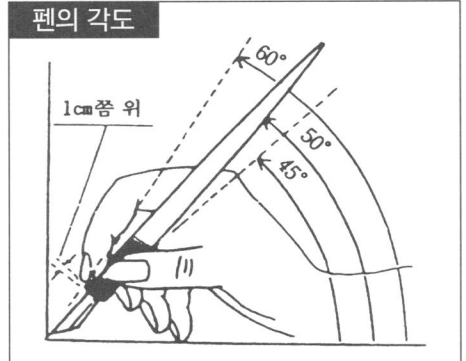

3. 펜촉을 고르는 방법

① 스푼펜 : 사무용에 적합한 펜으로, 끝이 약간 굽은 것이 좋다.(가장 널리 쓰임)
② G 펜 : 펜촉 끝이 뾰족하고 탄력성이 있어 숫자나 로마자를 쓰기에 알맞다.(연습용으로 많이 쓰임)
③ 스쿨펜 : G펜보다 작은데, 가는 글씨 쓰기에 알맞다.
④ 마루펜 : 제도용으로 쓰이며, 특히 선을 긋는 데에 알맞다.

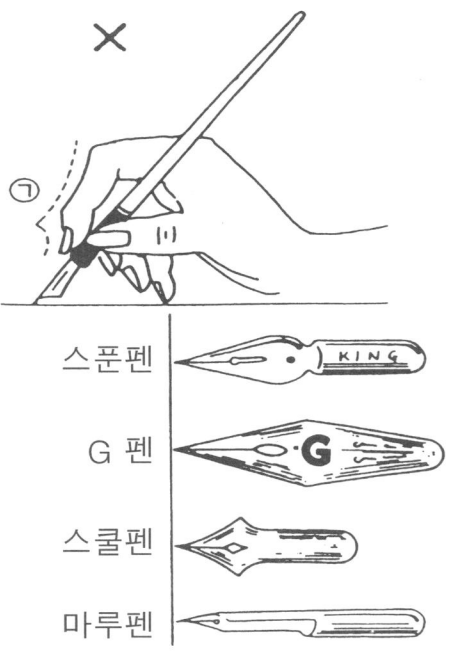

고교한자 7

行部 — 12劃	足部 — 13劃
街	路
거리 가	길 로

彳 彳 彳 徉 徉 街 街   口 卫 卧 趵 路 路 路

가로 : 도시의 넓은 길. 예 街路燈(가로등)

欠部 — 14劃	舛部 — 14劃
歌	舞
노래 가	춤출 무

可 픠 哥 哥 歌 歌 歌   無 無 舞 舞 舞 舞 舞

가무 : 노래와 춤. 노래하고 춤을 춤.

宀部 — 10劃	貝部 — 11劃
家	貧
집 가	가난할 빈

丶 宀 宀 宀 家 家 家   分 分 分 貧 貧 貧 貧

가빈 : 집이 가난함. 예 家貧淸貧(가빈청빈)

宀部 — 10劃	口部 — 8劃
家	和
집 가	화할·순할 화

丶 宀 宀 宀 家 家 家   二 千 千 禾 和 和 和

가화 : 집안이 화목함. 예 家和萬事成(가화만사성)

人部 — 11劃	戈部 — 7劃
假	我
거짓 가	나·우리 아

亻 亻 ㄅ 作 作 假 假   一 二 于 手 我 我 我

가아 : 나에게 ~을 빌려 줌. 예 假我文章(가아문장)

口部 — 5劃	人部 — 5劃
可	以
가능할 가	써·까닭 이

一 丁 可 可 可   丶 丨 ㄨ 以 以

가이 : '무엇을 어떻게 (능히)할만 하다' 라는 뜻.

가작 : 당선에 버금가는 좋은 작품. 예) 佳作當選(가작당선)

각군 : 각자의 군대. 각각의 군. 여러 나라의 군대.

각침 : 잠에서 깨어남. 예) 覺寢而說(각침이열)

간이 : 간단하고 쉬움. 간편함. 예) 簡易驛(간이역)

감격 : 마음속에 깊이 느껴 격동됨.

갑인 : 육십갑자의 쉰한째. 예) 甲寅年(갑인년)

氵部 — 6劃	氵部 — 15劃
江	潭
강 강	못·늪 담

강담 : 상강의 못. 예 遊於江潭(유어강담)

氵部 — 6劃	土部 — 10劃
江	城
강 강	재·성곽 성

강성 : 육지의 성처럼 강을 둘러 싼 강둑. 예 滿江城(만강성)

广部 — 11劃	木部 — 15劃
康	樂
편안할 강	즐길 락

강락 : 중국 진나라 때의 시인인 사영훈의 호.

金部 — 16劃	金部 — 14劃
鋼	銅
강철 강	구리 동

강동 : 강철과 동. 예 金銀銅鋼(금은동강)

門部 — 12劃	癶部 — 12劃
開	發
열 개	필·일어날 발

개발 : 자연 따위를 생활에 도움이 되게 하는 일.

門部 — 12劃	示部 — 13劃
開	福
열 개	복·복될 복

개복 : 복을 엶. 복이 열림. 예 開福之源(개복지원)

白部 — 9劃	犭部 — 16劃
皆	獨
모 두 개	홀 로 독

개독 : 모두 다 홀로임. 예) 各者皆獨(각자개독)

白部 — 9劃	凵部 — 5劃
皆	出
모 두 개	날·나갈 출

개출 : 모두가 어디에서 나옴. 예) 皆出於心(개출어심)

白部 — 9劃	酉部 — 15劃
皆	醉
모 두 개	취할·홀릴 취

개취 : 모두 다 취함. 예) 衆人皆醉(중인개취)

忄部 — 14劃	火部 — 12劃
慨	然
분개할 개	그럴 연

개연 : 억울하거나 원통하게 여기는 마음이 있음.

手部 — 18劃	方部 — 14劃
擧	旗
들 거	기·표지 기

거기 : 깃발을 높이 듦. 예) 擧旗擧事(거기거사)

手部 — 18劃	一部 — 5劃
擧	世
들 거	인간·세상 세

거세 : 온 세상이 어떤 상태임. 예) 擧世皆濁(거세개탁)

戶部 — 8劃	宀部 — 10劃
居	家
집·살 거	집 가

거가 : 집에 머물러 있음. 예 居家節儉(거가절검)

人部 — 11劃	广部 — 11劃
健	康
굳셀 건	편안할 강

건강 : 심신이 탈없이 정상적이고 튼튼함.

廴部 — 9劃	言部 — 11劃
建	設
세울 건	설립·베풀 설

건설 : 건물이나 시설물 따위를 만들어 세움.

人部 — 15劃	糸部 — 9劃
儉	約
검소할 검	약속·묶을 약

검약 : 낭비하지 않고 검소하며 절약함.

手部 — 17劃	鼓部 — 13劃
擊	鼓
칠 격	북 고

격고 : 북을 침. 예 擊鼓催命(격고최명)

木部 — 10劃	牛部 — 8劃
格	物
바로잡을 격	만물·물건 물

격물 : 사물의 이치를 철저히 연구하여 밝힘.

攵部 — 13劃	老部 — 6劃
敬	老
공경할 경	늙을 로

경로 : 노인을 공경함. 예 敬老孝親(경로효친)

糸部 — 13劃	火部 — 17劃
經	營
경서 경	경영할 영

경영 : 이윤 추구 목적으로 사업 따위를 운영함.

糸部 — 13劃	氵部 — 17劃
經	濟
경서 경	건널·건질 제

경제 : 재화를 획득·이용하는 활동의 총체적인 사회 관계.

言部 — 20劃	口部 — 7劃
警	告
경계할 경	알릴 고

경고 : 조심하라고 알림. 또는 그 말.

馬部 — 23劃	走部 — 10劃
驚	起
놀랄 경	일어날 기

경기 : 놀라서 일어남. 예 驚起而問(경기이문)

口部 — 11劃	癶部 — 12劃
啓	發
열 계	필·일어날 발

계발 : 지능을 깨우쳐 열어 줌. 비 啓蒙(계몽)

고교한자 13

戈部 — 7劃	忄部 — 13劃
戒	愼
경계할 계	삼가할 신

一 二 テ 开 戒 戒 戒   忄 忄 忄 怖 怖 愼 愼

戒 戒 戒 戒 愼 愼 愼 愼

계신 : 경계하여 스스로 삼가함. 예 君子戒愼(군자계신)

口部 — 5劃	人部 — 4劃
古	今
예·옛 고	이제·지금 금

一 十 十 古 古   丿 人 人 今

古 古 古 古 今 今 今 今

고금 : 예와 이제. 예 東西古今(동서고금)

口部 — 5劃	土部 — 15劃
古	墳
예·옛 고	무덤 분

一 十 十 古 古   土 圵 坊 坊 墳 墳 墳

古 古 古 古 墳 墳 墳 墳

고분 : 오래된 무덤. 예 古墳發掘(고분발굴)

口部 — 5劃	足部 — 18劃
古	蹟
예·옛 고	자취·자국 적

一 十 十 古 古   足 趵 跱 蹟 蹟 蹟 蹟

古 古 古 古 蹟 蹟 蹟 蹟

고적 : 옛날의 건물 따위로 역사적인 시설물.

木部 — 9劃	氵部 — 12劃
枯	渴
마를 고	목마를 갈

十 才 木 木 杧 柘 枯 枯   氵 汩 渴 渴 渴 渴 渴

枯 枯 枯 枯 渴 渴 渴 渴

고갈 : 물자·자원 따위가 메마름. 예 資源枯渴(자원고갈)

口部 — 8劃	儿部 — 6劃
固	先
굳을·진실로 고	먼저·조상 선

丨 冂 冂 円 円 周 固   丿 ノ ㅗ 生 步 先

固 固 固 固 先 先 先 先

고선 : 진실로 앞섬. 예 固先乎吾(고선호오)

| 高部 — 10劃 高 높을 고 | 門部 — 14劃 閣 다락집 각 |

고각 : 높이 지은 누각. 예) 高閣聽鳴(고각청명)

| 高部 — 10劃 高 높을 고 | 鹿部 — 19劃 麗 고울·빛날 려 |

고려 : 태봉의 장수 왕건이 궁예를 내쫓고 세운 나라.

| 高部 — 10劃 高 높을 고 | 氵部 — 15劃 潮 조수·경향 조 |

고조 : 감정이나 기세 따위가 고양된 상태.

| 子部 — 8劃 孤 외로울 고 | 木部 — 8劃 松 솔·소나무 송 |

고송 : 외따로 서 있는 소나무. 예) 冬嶺孤松(동령고송)

| 頁部 — 21劃 顧 돌아볼 고 | 心部 — 8劃 念 생각 념 |

고념 : 보살펴 줌. 남의 허물을 덮어 줌.

| 口部 — 7劃 困 곤할 곤 | 宀部 — 13劃 窮 궁할·막힐 궁 |

곤궁 : 가난하고 궁함. 예) 困窮處地(곤궁처지)

八部 — 4劃	禾部 — 7劃
公	私
공변될 공	사사로울 사

공사 : 공적인 일과 사사로운 일. 예 公私分明(공사분명)

八部 — 4劃	亅部 — 8劃
公	事
공변될 공	일·섬길 사

공사 : 관청 또는 공중에 관계되는 일.

工部 — 3劃	木部 — 13劃
工	業
장인 공	업·일 업

공업 : 원료에 인공을 가하여 물품을 만드는 산업.

子部 — 4劃	子部 — 3劃
孔	子
구멍·매우 공	아들·지지 자

공자 : 중국 춘추 시대의 철학자. 유교의 시조.

穴部 — 8劃	缶部 — 10劃
空	缺
빌·하늘 공	이즈러질 결

공결 : 끼니를 거름. 예 每多空缺(매다공결)

心部 — 10劃	力部 — 13劃
恭	勤
공손할 공	부지런할 근

공근 : 겸손하고 부지런함. 예 宜學恭勤(의학공근)

心部 — 10劃	忄部 — 21劃
恐	懼
두려워할 공	두려워할 구

공구 : 심히 두려움. 예 戒愼恐懼(계신공구)

貝部 — 10劃	犬部 — 20劃
貢	獻
바칠 공	드릴 헌

공헌 : 힘을 써 이바지 함. 예 寄與貢獻(기여공헌)

辶部 — 13劃	宀部 — 9劃
過	客
지날 과	나그네 객

과객 : 지나가는 나그네. 예 光陰過客(광음과객)

辶部 — 13劃	大部 — 3劃
過	大
지날 과	클·큰 대

과대 : 지나치게 큼. 반 過少(과소)

言部 — 13劃	示部 — 5劃
誇	示
자랑할 과	보일 시

과시 : 자랑하여 보임. 예 自己誇示(자기과시)

禾部 — 9劃	子部 — 16劃
科	學
과정 과	배울 학

과학 : 어떤 영역의 대상을 객관적으로 연구하는 활동.

⼧部 — 8劃	口部 — 6劃
官	吏
벼슬 관	관리·아전 리

관리 : 관직에 있는 벼슬아치. 예 淸廉官吏(청렴관리)

見部 — 25劃	日部 — 10劃
觀	時
볼·경치 관	때·시기 시

관시 : 때를 봄. 예 觀時察變(관시찰변)

貝部 — 11劃	⻌部 — 11劃
貫	通
꿸 관	통할·두루 통

관통 : 이쪽에서 저쪽 끝까지 꿰뚫음. 예 的中貫通(적중관통)

儿部 — 6劃	日部 — 8劃
光	明
빛·경치 광	밝을 명

광명 : 밝은 빛. 앞날의 밝은 희망을 비유한 말.

儿部 — 6劃	阝部 — 11劃
光	陰
빛·경치 광	그늘 음

광음 : 해와 달이란 뜻으로 시간, 또는 세월을 말함.

金部 — 23劃	牛部 — 8劃
鑛	物
광물 광	만물·물건 물

광물 : 지하 속에 매장되어 있는 천연의 무기물.

亠部 — 6劃	日部 — 8劃
交	易
바꿀·사귈 교	바꿀 역

`、亠六六交交` `冂日日月易易易`

교역 : 물건 따위를 서로 사고 파는 일.

亠部 — 6劃	又部 — 4劃
交	友
바꿀·사귈 교	벗·사귈 우

`、亠六六交交` `一ナ方友`

교우 : 벗과 사귐, 또는 그 사귀는 벗.

水部 — 6劃	生部 — 5劃
求	生
구할 구	낳을·살 생

`一十十才求求求` `ノ├┤牛生`

구생 : 삶을 구함. 예 求生者乎(구생자호)

臼部 — 18劃	阝部 — 12劃
舊	都
옛·오랠 구	도읍·서울 도

`雈雈舊舊舊舊舊` `十耂耂者者者都都`

구도 : 옛날의 도읍지인 서울. 예 古代舊都(고대구도)

臼部 — 18劃	刀部 — 8劃
舊	制
옛·오랠 구	억제·법도 제

`雈雈舊舊舊舊舊` `ノ二午牛制制制制`

구제 : 옛 제도. '구제도'의 준말.

艹部 — 12劃	艹部 — 8劃
菊	花
국화 국	꽃 화

`艹艹芍芍菊菊菊` `一十艹艾芝花`

국화 : 가을에 피는 국화과의 다년초의 꽃.

口部 — 11劃	宀部 — 10劃
國	家
나 라 국	집 가

국가 : 통치 조직을 지니고 있는 나라의 총칭.

口部 — 11劃	方部 — 14劃
國	旗
나 라 국	기·표지 기

국기 : 한 나라를 상징하는 깃발.

口部 — 11劃	女部 — 9劃
國	威
나 라 국	위협·위력 위

국위 : 나라의 세력이나 위세. 예 國威宣揚(국위선양)

口部 — 11劃	臼部 — 15劃
國	興
나 라 국	일어날 흥

국흥 : 나라가 흥함. 예 財旺國興(재왕국흥)

羊部 — 13劃	子部 — 8劃
群	季
무리·여러 군	계절·끝 계

군계 : 여러 동생들. 예 群季俊秀(군계준수)

阝部 — 10劃	宀部 — 6劃
郡	守
고을·관청 군	지킬·맡을 수

군수 : 지방 행정의 군청 사무를 맡아보는 우두머리.

口部 —7劃	子部 —3劃
君	子
임금·임 군	아들·자식 자

ㄱ ㄱ ㅋ 尹 尹 君 君   ㄱ 了 子
君 君 君 君 子 子 子 子

군자 : 학문과 덕이 높은 품위를 갖춘 사람.

口部 —7劃	丶部 —5劃
君	主
임금·임 군	주인·임금 주

ㄱ ㄱ ㅋ 尹 尹 君 君   ㆍ 亠 干 主 主
君 君 君 君 主 主 主 主

군주 : 한 왕국의 임금을 일컫는 말.

尸部 —8劃	厂部 —10劃
屈	原
굽힐·다할 굴	언덕·근본 원

ㄱ 尸 尺 屈 屈 屈 屈   一 厂 厉 盾 原 原 原
屈 屈 屈 屈 原 原 原 原

굴원 : 중국 전국시대 초나라의 시인.

宀部 —10劃	艹部 —8劃
宮	花
집·궁궐 궁	꽃 화

宀 宀 宮 宮 宮 宮 宮   一 十 艹 艹 花 花 花
宮 宮 宮 宮 花 花 花 花

궁화 : 궁중에 피어 있는 꽃. 예) 行宮宮花(행궁궁화)

止部 —18劃	广部 —8劃
歸	府
돌아갈 귀	고을·관아 부

ㄧ ㅏ 白 自 皀 皀 歸 歸   一 广 广 庁 庁 府 府
歸 歸 歸 歸 府 府 府 府

귀부 : 동헌으로 돌아옴. 예) 郡守歸府(군수귀부)

止部 —18劃	阝部 —13劃
歸	鄉
돌아갈 귀	시골·마을 향

ㄧ ㅏ 白 自 皀 皀 歸 歸   ㄥ ㄠ ㄠ' 幺 绊 纠 鄉 鄉
歸 歸 歸 歸 鄉 鄉 鄉 鄉

귀향 : 고향으로 돌아가거나 돌아옴. 예) 歸國歸鄉(귀국귀향)

儿部 — 7劃	己部 — 3劃
克	己
이길 극	몸·자기 기

극기 : 자기의 욕망이나 감정 따위를 의지로 눌러 이김.

木部 — 13劃	爪部 — 12劃
極	爲
지극할 극	할·위할 위

극위 : 지극히 ~함. 예 極爲精緻(극위정치)

力部 — 13劃	人部 — 15劃
勤	儉
부지런할 근	검소할 검

근검 : 부지런하고 검소함. 예 勤儉節約(근검절약)

力部 — 13劃	子部 — 16劃
勤	學
부지런할 근	배울 학

근학 : 부지런히 학문에 힘씀. 예 勤學精進(근학정진)

辶部 — 8劃	日部 — 10劃
近	時
요즈음 근	때·시기 시

근시 : 요사이. 근대에. 예 東方近時(동방근시)

辶部 — 8劃	邑部 — 7劃
近	邑
요즈음 근	고을 읍

근읍 : 가까운 고을 읍. 예 有事近邑(유사근읍)

| 言部 — 18劃 謹 삼가할 근 | 忄部 — 13劃 愼 삼갈 신 |

근신 : 언행 따위를 삼가하고 조심함. 예) 謹愼處分(근신처분)

| 人部 — 4劃 今 이제·지금 금 | 夕部 — 8劃 夜 밤 야 |

금야 : 오늘 밤. 예) 今夜春月(금야춘월)

| 人部 — 4劃 今 이제·지금 금 | 日部 — 4劃 日 날·해 일 |

금일 : 오늘. 예) 今日日程(금일일정)

| 金部 — 8劃 金 쇠 금 성 김 | 金部 — 14劃 銀 은·돈 은 |

금은 : 금과 은. 예) 金銀寶貨(금은보화)

| 示部 — 13劃 禁 금할 금 | 丨部 — 4劃 中 가운데 중 |

금중 : 대궐 안. 예) 開局禁中(개국금중)

| 示部 — 13劃 禁 금할 금 | 止部 — 4劃 止 그칠 지 |

금지 : 말리어 못하게 함. 예) 禁止事項(금지사항)

内部 — 13劃	虫部 — 16劃
禽	蟲
날짐승 금	벌레 충

금충 : 날짐승과 벌레. 새와 벌레.

又部 — 4劃	辶部 — 17劃
及	還
미칠·이를 급	돌아올 환

급환 : 돌아옴. 예 及還至城(급환지성)

八部 — 8劃	亅部 — 8劃
其	事
그 기	일·섬길 사

기사 : 그 일. 예 爲失其事(위실기사)

八部 — 8劃	耳部 — 18劃
其	職
그 기	직분·벼슬 직

기직 : 그 직분. 그 직무. 예 爲越其職(위월기직)

示部 — 9劃	人部 — 7劃
祈	佛
빌 기	부처 불

가불 : 부처님께 빎. 예 佛堂祈佛(불당기불)

示部 — 9劃	示部 — 9劃
祈	神
빌 기	귀신·정신 신

기신 : 신에게 빎. 예 所願祈神(소원기신)

走部 — 10劃	立部 — 5劃
起	**立**
일어날 기	설·세울 립

기립 : 일어섬. 예) 起立拍手(기립박수)

走部 — 10劃	身部 — 7劃
起	**身**
일어날 기	몸·나 신

기신 : 몸을 움직여서 일어남. 예) 乃得起身(내득기신)

大部 — 8劃	山部 — 10劃
奇	**峯**
기이할 기	봉우리 봉

기봉 : 기이하게 생긴 산봉우리. 예) 夏雲奇峯(하운기봉)

扌部 — 7劃	行部 — 11劃
技	**術**
재주·기술 기	꾀·방법 술

기술 : 어떤 일을 능률적으로 해내는 솜씨. 예) 技術提携(기술제휴)

无部 — 11劃	彳部 — 8劃
旣	**往**
이미 기	갈·옛 왕

기왕 : 이미. 벌써. 비) 已往(이왕)

无部 — 11劃	宀部 — 8劃
旣	**定**
이미 기	정할 정

기정 : 이미 정해져 있음. 예) 旣定事實(기정사실)

기하 : 얼마. '기하학'의 준말. 예 幾何級數(기하급수)

기계 : 동력으로 움직여 일정한 일을 하게 하는 장치.

기회 : 어떤 일을 이루기에 알맞은 때나 경우.

긴장 : 곧 무슨 일이 일어날 것 같은 예사롭지 않은 분위기.

낙사 : 즐거운 일. 유쾌한 일.

낙일 : 지는 해. 예 西山落日(서산낙일)

艹部 — 13劃	艹部 — 8劃
落	花
떨어질 락	꽃 화

낙화 : 꽃이 떨어지거나 짐. 또는 그 꽃. 예 落花流水(낙화유수)

乙部 — 13劃	舛部 — 14劃
亂	舞
어지러울 란	춤출 무

난무 : 함부로 나서서 마구 춤추듯 날뜀.

乙部 — 13劃	一部 — 5劃
亂	世
어지러울 란	인간·세상 세

난세 : 어지럽고 어려운 세상. 예 亂世英雄(난세영웅)

阝部 — 10劃	口部 — 7劃
郎	君
사내·남편 랑	임금·임 군

낭군 : 젊은 아낙이 남편을 정겹게 이르는 말.

人部 — 8劃	隹部 — 12劃
來	集
올 래	모을·모일 집

내집 : 모여듦. 예 各軍來集(각군내집)

力部 — 7劃	力部 — 2劃
努	力
힘쓸 노	힘 력

노력 : 어떤 일을 하는 데 애쓰는 힘. 예 努力奉仕(노력봉사)

女部 — 5劃	女部 — 11劃
奴	婢
사내종 노	계집종 비

노비 : 사내종과 계집종을 통틀어 이르는 말.

老部 — 6劃	貝部 — 13劃
老	賊
늙을 로	도둑·훔칠 적

노적 : 늙은 도적. 이등박문을 지칭하는 말.

糸部 — 14劃	木部 — 16劃
綠	樹
푸를 녹	나무·심을 수

녹수 : 푸른 잎으로 우거진 나무. 예 靑山綠樹(청산녹수)

糸部 — 14劃	氵部 — 8劃
綠	波
푸를 녹	물결 파

녹파 : 푸르른 물결이나 파도. 예 滄海綠波(창해녹파)

言部 — 15劃	言部 — 14劃
論	語
논의할 론	말씀·말 어

논어 : 공자의 언행. 제자들과의 문답을 기록한 책.

辰部 — 13劃	工部 — 3劃
農	工
농사 농	장인 공

농공 : 농업과 공업. 예 農工商人(농공상인)

肉部 — 10劃	彳部 — 11劃
能	得
능할 능	얻을 득

능득 : 얻을 수 있음. 예 慮後能得(여후능득)

肉部 — 10劃	心部 — 15劃
能	慮
능할 능	생각할 려

능려 : 생각할 수 있음. 예 安後能慮(안후능려)

肉部 — 10劃	靑部 — 16劃
能	靜
능할 능	고요할 정

능정 : 고요할 수 있음. 예 定後能靜(정후능정)

夕部 — 6劃	小部 — 4劃
多	少
많을 다	적을·젊을 소

다소 : 분량이나 정도 따위의 많고 적음.

夕部 — 6劃	木部 — 15劃
多	樣
많을 다	모양·본 양

다양 : 종류가 여러 가지로 많음. 예 多樣種類(다양종류)

口部 — 14劃	糸部 — 12劃
團	結
둥글·모일 단	맺을 결

단결 : 마음과 뜻을 하나로 여럿이 한데 뭉침. 비 團合(단합)

木部 — 17劃	口部 — 7劃
檀	君
박달나무 단	임금·임 군

단군 : 우리나라의 기원이 되는 개국의 왕. 예 檀君王儉(단군왕검)

木部 — 17劃	木部 — 16劃
檀	樹
박달나무 단	나무·심을 수

단수 : 박달나무, 또는 신단수(神檀樹)의 준말.

矢部 — 12劃	口部 — 9劃
短	命
짧을 단	목숨·명령 명

단명 : 목숨이 짧음. 조직 따위의 수명이 짧음.

日部 — 5劃	夕部 — 3劃
旦	夕
아침 단	저녁 석

단석 : 아침과 저녁 비 朝夕(조석)

足部 — 15劃	木部 — 9劃
踏	査
밟을 답	조사할 사

답사 : 실지로 현장에 가서 보고 조사함.

口部 — 10劃	网部 — 19劃
唐	羅
당나라 당	벌릴·비단 라

당라 : 당나라와 신라. 비 羅唐(나당)

田部 — 13劃	攵部 — 13劃
當	敬
마땅할 당	공경할 경

당경 : 마땅히 공경해야 함. 예 臣當敬(신당경)

田部 — 13劃	宀部 — 10劃
當	容
마땅할 당	얼굴 용

당용 : 마땅히 용납함. 예 當容人(당용인)

大部 — 3劃	气部 — 10劃
大	氣
큰 대	기운·공기 기

대기 : 지구 중력에 의해 지구 둘레를 싸고 있는 기체.

大部 — 3劃	忄部 — 10劃
大	悟
큰 대	깨달을 오

대오 : 번뇌를 벗고 크게 깨달음. 예 大悟覺醒(대오각성)

大部 — 3劃	曰部 — 13劃
大	會
큰 대	모일 회

대회 : 어떤 기술의 재주를 겨루는 커다란 모임.

人部 — 5劃	曰部 — 12劃
代	替
대신할 대	대신·바꿀 체

대체 : 다른 것으로 바꿈. 예 代替商品(대체상품)

貝部 — 12劃	臼部 — 13劃
貸	與
빌릴 대	더불어·줄 여

대여 : 빌려 주거나 꾸어줌. 예 貸與期間(대여기간)

巾部 — 11劃	口部 — 12劃
帶	喜
띠·찰 대	기쁠 희

대희 : 기쁜 빛을 띰. 예 愁中帶喜(수중대희)

辶部 — 13劃	人部 — 5劃
道	令
길·도리 도	명령할 령

도령 : '총각'을 대접하여 일컫는 말.

木部 — 10劃	木部 — 7劃
桃	李
복숭아 도	오얏·자두 리

도리 : 복숭아와 자두, 또는 그 꽃이나 열매.

人部 — 10劃	臣部 — 8劃
倒	臥
넘어질 도	누울 와

도와 : 넘어져 누움. 예 倒臥者(도와자)

言部 — 22劃	曰部 — 10劃
讀	書
읽을 독	글·책 서

독서 : 책을 읽음. 예 讀書季節(독서계절)

| 犭部 — 16劃 獨 홀로 독 | 爪部 — 12劃 爲 할·위할 위 |

독위 : 홀로 ~이 됨. 예) 獨爲衆人(독위중인)

| 犭部 — 16劃 獨 홀로 독 | 田部 — 10劃 留 머무를 류 |

독유 : 홀로 머뭄. 예) 獨留江月(독유강월)

| 冫部 — 5劃 冬 겨울 동 | 山部 — 17劃 嶺 재·고개 령 |

동령 : 추운 겨울의 고개. 예) 冬嶺雪峯(동령설봉)

| 冫部 — 5劃 冬 겨울 동 | 宀部 — 12劃 寒 찰·추운 한 |

동한 : 겨울 추위. 예) 冬寒北風(동한북풍)

| 木部 — 8劃 東 동녘 동 | 皿部 — 13劃 盟 맹세할 맹 |

동맹 : 고구려 때 매년 10월에 열린 제천 행사.

| 口部 — 6劃 同 함께·같을 동 | 行部 — 6劃 行 다닐 행 |

동행 : 두 사람 이상이 같은 곳을 함께 감.

頁部 — 16劃	肉部 — 13劃
頭	腦
머리·처음 두	머릿골 뇌

一 г 亘 豆 頭 頭 頭   月 膠 膠 腦 腦 腦

두뇌 : 머리의 뇌, 또는 슬기·지혜·수준 따위로 비유.

彳部 — 11劃	田部 — 5劃
得	田
얻을 득	밭 전

彳 彳日 得 得 得 得   丨 冂 Ⅲ 用 田

득전 : 밭을 얻음. 예 農者得田(농자득전)

癶部 — 12劃	高部 — 10劃
登	高
오를 등	높을 고

ᄀ 癶 癶 癶 登 登 登   丶 亠 古 亨 亨 高 高

등고 : 높은 데를 오름. 또는 높이 오름.

馬部 — 10劃	鳥部 — 14劃
馬	鳴
말 마	울 명

一 Г П Ħ 馬 馬 馬   口 미 叨 咱 咱 鳴 鳴

마명 : 말이 우는 소리, 또는 말이 욺.

艹部 — 11劃	口部 — 11劃
莫	問
아닐·말 막	물을 문

艹 艹 芇 莒 莫 莫   丨 冂 冋 門 門 問 問

막문 : 묻지 말라는 뜻. 예 是非莫問(시비막문)

艹部 — 11劃	甘部 — 9劃
莫	甚
아닐·말 막	심할·매우 심

艹 艹 芇 莒 莫 莫   一 丅 甘 甘 甘 其 甚

막심 : 매우 심함. 매우 대단함. 예 被害莫甚(피해막심)

艹部 — 13劃	阝部 — 7劃
萬	邦
일만·많을 만	나라 방

만방 : 세계의 모든 나라. 예) 世界萬邦(세계만방)

艹部 — 13劃	戶部 — 4劃
萬	戶
일만·많을 만	지게·집 호

만호 : 썩 많은 집. 예) 長安萬戶(장안만호)

心部 — 7劃	食部 — 9劃
忘	食
잊을 망	먹을·음식 식

망식 : 먹는 것을 잊음. 예) 發憤忘食(발분망식)

心部 — 7劃	心部 — 10劃
忘	恩
잊을 망	은혜 은

망은 : 은혜를 잊음. 예) 背德忘恩(배덕망은)

母部 — 7劃	日部 — 5劃
每	旦
매양 매	아침 단

매단 : 매일 아침. 아침마다. 예) 每旦之海(매단지해)

火部 — 13劃	火部 — 13劃
煤	煙
그을음 매	연기·담배 연

매연 : 연료를 태웠을 때 생기는 그을음과 연기.

貝部 — 12劃	食部 — 9劃
買	食
살 매	먹을·음식 식

매식 : 음식을 사서 먹음. 또는 그 식사.

貝部 — 12劃	肉部 — 6劃
買	肉
살 매	고기·살 육

매육 : 고기를 사는 일. 고기를 삼.

肉部 — 10劃	糸部 — 12劃
脈	絡
맥·줄기 맥	이을 락

맥락 : 혈관의 계통. 사물의 연결. 줄거리.

子部 — 8劃	子部 — 3劃
孟	子
맏 맹	아들·자식 자

맹자 : 중국 전국시대의 사상가인 맹자의 언행을 기록한 책.

氵部 — 13劃	禾部 — 7劃
滅	私
멸망할 멸	사사로울 사

멸사 : 사심(私心)을 버림. 예 滅私奉公(멸사봉공)

鳥部 — 14劃	土部 — 6劃
鳴	在
울 명	있을 재

명재 : 있는 곳에서 들려오는 소리.

日部 — 8劃	彳部 — 15劃
明	德
밝을 명	덕·큰 덕

명덕 : 공명 정대한 덕행. 더럽혀지지 않은 본디의 천성.

日部 — 8劃	日部 — 4劃
明	日
밝을 명	날·해 일

명일 : 내일. 오늘의 지난 다음날. 반 昨日(작일)

日部 — 8劃	車部 — 15劃
明	輝
밝을 명	빛날 휘

명휘 : 밝은 빛. 예 月揚明輝(월양명휘)

力部 — 13劃	八部 — 7劃
募	兵
모을·부를 모	군사·무기 병

모병 : 군대에서 병사를 뽑음. 예 募兵購械(모병구계)

木部 — 15劃	宀部 — 15劃
模	寫
법·본뜰 모	베낄·그릴 사

모사 : 그림 따위를 보고 그대로 본떠서 그림.

心部 — 15劃	寸部 — 12劃
慕	尊
사모할 모	높일 존

모존 : 존귀한 것을 사모함. 예 惡卑慕尊(오비모존)

묘품 : 매우 섬세하고 교묘한 작품. 예) 皆入妙品(개입묘품)

무귀 : 귀한 것이 없음. 예) 無貴之人(무귀지인)

무천 : 천한 것이 없음. 예) 無賤之人(무천지인)

무행 : 다행한 일이 없음. 예) 無幸其事(무행기사)

무역 : 외국 상인과 물품을 수출입하는 상행위.

무계 : 무관 장수의 계급. 예) 武階列西(무계열서)

舛部 — 14劃	至部 — 14劃
舞	臺
춤출 무	돈대·토대 대

무대 : 연극 따위를 공연하기 위한 관람석 앞의 자리.

文部 — 8劃	彳部 — 15劃
文	德
글월·문서 문	덕·큰 덕

문덕 : 장군 을지문덕(乙支文德)의 이름.

門部 — 8劃	彳部 — 10劃
門	徒
문·집안 문	무리 도

문도 : 가르침을 받거나 그 가르침을 받은 스승의 제자.

口部 — 11劃	人部 — 4劃
問	仁
물을 문	어질 인

문인 : 인에 대하여 물음. 예 顔淵問仁(안연문인)

耳部 — 14劃	辶部 — 13劃
聞	達
들을 문	통달할 달

문달 : 이름이 세상에 널리 알려짐. 명성이 높아짐.

彳部 — 13劃	日部 — 10劃
微	時
작을·천할 미	때·시기 시

미시 : 가난하여 보잘것없던 때. 예 微時行役(미시행역)

木部 — 5劃 未 아닐·미지 미	木部 — 8劃 果 과일·결과 과

미과 : 아직 결과를 짓지 못함. 예) 于今未果(우금미과)

木部 — 5劃 未 아닐·미지 미	癶部 — 12劃 發 필 발

미발 : 아직 길을 떠나지 아니함. 예) 當其未發(당기미발)

木部 — 5劃 未 아닐·미지 미	歹部 — 6劃 死 죽을 사

미사 : 아직 죽지 아니함. 예) 未死爲國(미사위국)

氏部 — 5劃 民 백성 민	人部 — 9劃 俗 풍속·속될 속

민속 : 민간의 풍속 예) 傳統民俗(전통민속)

氏部 — 5劃 民 백성 민	言部 — 17劃 謠 노래 요

민요 : 오래 전부터 민간으로 전하여 내려온 노래.

忄部 — 15劃 憫 불쌍히여길 민	火部 — 12劃 然 그럴 연

민연 : 사정이나 처지가 딱함. 예) 爲此憫然(위차민연)

十部 — 5劃	氵部 — 17劃
半	濟
절반 반	건널 제

반제 : 반쯤 건너감. 예 水軍半濟(수군반제)

癶部 — 12劃	扌部 — 11劃
發	掘
필·일어날 발	팔·파낼 굴

발굴 : 땅속에 묻혀 있는 유물 따위를 파냄. 예 遺物發掘(유물발굴)

癶部 — 12劃	尸部 — 10劃
發	展
필·일어날 발	펼 전

발전 : 과학·수준 따위가 보다 낫게 뻗어 나감.

髟部 — 15劃	肉部 — 15劃
髮	膚
터럭 발	살갗·피부 부

발부 : 특히 사람의 머리털과 피부. 예 身體髮膚(신체발부)

方部 — 4劃	言部 — 7劃
方	言
모·방위 방	말씀·말 언

방언 : 표준어가 아닌 지방의 특유한 사투리.

艹部 — 8劃	囗部 — 13劃
芳	園
향기 방	동산 원

방원 : 향기가 감도는 뜰. 예 李之芳園(이지방원)

女部 — 8劃	辶部 — 12劃
放	逸
놓을 방	편안·숨을 일

방일 : 행동이나 생활 태도가 제멋대로 임.

人部 — 10劃	辶部 — 13劃
倍	達
곱 절 배	통달할 달

배달 : '배달나라·배달민족'의 준말. 예 倍達民族(배달민족)

扌部 — 11劃	凵部 — 5劃
排	出
밀칠 배	날·나갈 출

배출 : 불필요한 물질을 밖으로 밀어서 내보냄.

肉部 — 9劃	彳部 — 9劃
背	後
등·어길 배	뒤·늦을 후

배후 : 등뒤, 또는 표면에 드러나지 않은 부분이나 세력.

白部 — 5劃	目部 — 9劃
白	眉
흰 백	눈썹 미

백미 : 흰 눈썹, 가장 뛰어나고 탁월한 사람.

白部 — 5劃	氵部 — 7劃
白	沙
흰 백	모래 사

백사 : 흰 모래. 흰 모래로 뒤덮힌 백사장.

白部 — 6劃	氵部 — 17劃
百	濟
일 백 백	건 널 제

백제 : 삼국 시대의 한 나라. (시조는 온조왕)

白部 — 6劃	戈部 — 17劃
百	戲
일 백 백	희롱할 희

백희 : 온갖 유희.(말과 동작으로 재주를 부림)

火部 — 13劃	艹部 — 9劃
煩	苦
번거로울 번	괴로울 고

번고 : 번민하여 괴로워 함. 예 不憚煩苦(불탄번고)

火部 — 13劃	忄部 — 12劃
煩	惱
번거로울 번	괴로워할 뇌

번뇌 : 마음이 시달려서 괴로움. 예 夫無煩惱(부무번뇌)

氵部 — 6劃	見部 — 21劃
汎	覽
뜰·대개 범	볼 람

범람 : 광범위하게 폭 넓게 봄. 예 毋務汎覽(무무범람)

土部 — 16劃	田部 — 12劃
壁	畵
바람벽 벽	그림 화

벽화 : 건물이나 고분 등의 벽에 장식으로 그린 그림.

刀部 — 7劃	氵部 — 11劃
別	淚
다를 별	눈물 루

별루 : 이별을 슬퍼하여 흘리는 눈물.

八部 — 7劃	田部 — 5劃
兵	甲
군사·무기 병	갑옷·천간 갑

병갑 : 무기와 갑옷·투구, 또는 무장한 병사.

人部 — 9劃	子部 — 6劃
保	存
보전할 보	있을 존

보존 : 없어지거나 상함이 없도록 잘 지님.

人部 — 9劃	氵部 — 9劃
保	活
보전할 보	살 활

보활 : 지키고 살아감. 예 生養保活(생양보활)

土部 — 12劃	囗部 — 11劃
報	國
갚을 보	나라 국

보국 : 나라에 충성을 다함. 나라의 은혜를 갚음.

土部 — 12劃	心部 — 10劃
報	恩
갚을 보	은혜 은

보은 : 은혜를 갚음. 반 背恩(배은)

衤部 — 12劃	皿部 — 10劃
補	益
기울·보탤 보	더할 익

보익 : 보태어서 도움. 예 有所補益(유소보익)

衤部 — 12劃	扌部 — 8劃
補	拙
기울·보탤 보	졸할 졸

보졸 : 졸렬함과 보충함. 예 勤能補拙(근능보졸)

彳部 — 12劃	攵部 — 7劃
復	改
회복할 복	고칠 개

복개 : 고치어 바꿈. 예 公事復改(공사복개)

彳部 — 12劃	示部 — 17劃
復	禮
회복할 복	예·예절 례

복례 : 예에 따라 행함. 예 克己復禮(극기복례)

肉部 — 13劃	｜部 — 4劃
腹	中
배·품을 복	가운데 중

복중 : 뱃속. 예 腹中胎兒(복중태아)

大部 — 8劃	口部 — 8劃
奉	命
받들·드릴 봉	목숨·명령 명

봉명 : 임금의 명령을 받듦. 예 奉命使臣(봉명사신)

广部 — 8劃	人部 — 6劃
俯	使
관아·고을 부	하여금 사

부사 : 대도호부사나 도후부사를 두루 일컫는 말.

阝部 — 8劃	耳部 — 6劃
附	耳
붙을·부칠 부	귀 이

부이 : 부이어(附耳語)의 준말로 귀엣말.

宀部 — 12劃	貝部 — 12劃
富	貴
넉넉할 부	귀할 귀

부귀 : 재산이 많고 사회적 지위가 높음. 예 富貴榮華(부귀영화)

貝部 — 9劃	老部 — 9劃
負	者
짊어질 부	놈·것 자

부자 : 승부에서 진 편. 예 勝者負者(승자부자)

女部 — 11劃	女部 — 3劃
婦	女
지어미 부	계집·여자 녀

부녀 : 부인과 여자애란 뜻으로 여성을 뜻함.

女部 — 11劃	彳部 — 15劃
婦	德
지어미 부	덕·큰 덕

부덕 : 부녀자로서 지녀야 할 어질고 너그러운 덕행.

氵部 — 10劃	生部 — 5劃
浮	生
뜰·떠돌 부	낳을·살 생

부생 : 덧없는 인생. 예 浮生若夢(부생약몽)

氵部 — 10劃	雨部 — 12劃
浮	雲
뜰·떠돌 부	구 름 운

부운 : 뜬구름이란 뜻으로 덧없는 인생이나 세상을 비유함.

走部 — 9劃	曰部 — 13劃
赴	會
달려갈 부	모 일 회

부회 : 모임에 나옴. 예 皆許赴會(개허부회)

一部 — 4劃	彳部 — 11劃
不	得
아닐·못할 부	얻음·족할 득

부득 : 얻지 못함. 예 不得已(부득이)

一部 — 4劃	皿部 — 14劃
不	盡
아닐·못할 부	다 할 진

부진 : 언제까지고 계속하여 끊임이 없음.

刀部 — 4劃	木部 — 8劃
分	析
나 눌 분	쪼갤·나눌 석

분석 : 복합된 사물을 요소나 성질에 따라 가르는 일.

고교한자 47

大部 — 16劃	走部 — 10劃
奮	起
떨칠·떨칠 분	일어날 기

ナ木本査奮奮奮　　土キキ非走起起
奮　　　　　　　　起

분기 : 기운을 내어 힘차게 일어남.

一部 — 4劃	心部 — 9劃
不	思
아니·못할 불	생각 사

一ブオ不　　　　　口日田田思思思
不　　　　　　　　思

불사 : 생각하지 않음. 예 學而不思(학이불사)

一部 — 4劃	歹部 — 6劃
不	死
아니·못할 불	죽을 사

一ブオ不　　　　　一厂歹歹死
不　　　　　　　　死

불사 : 죽지 아니함. 예 長生不死(장생불사)

一部 — 4劃	目部 — 9劃
不	省
아니·못할 불	살필 성

一ブオ不　　　　　丨丨少少省省省
不　　　　　　　　省

불성 : 살피지 아니함. 예 極諫不省(극간불성)

一部 — 4劃	言部 — 7劃
不	誠
아니·못할 불	정성 성

一ブオ不　　　　　言言訂訂誠誠誠
不　　　　　　　　誠

불성 : 불성실의 준말로 성실하지 못함을 뜻한 말.

一部 — 4劃	戈部 — 7劃
不	成
아니·못할 불	이룰 성

一ブオ不　　　　　丿厂厅成成成
不　　　　　　　　成

불성 : 이루어지지 아니함. 이루어지지 못함.

一部 — 4劃	口部 — 11劃
不	問
아니·못할 불	물을 문

불문 : 묻지 아니함. 예 不問曲直(불문곡직)

一部 — 4劃	耳部 — 14劃
不	聞
아니·못할 불	들을 문

불문 : 듣지 (맡지) 아니함. 예 不聞忠言(불문충언)

一部 — 4劃	心部 — 10劃
不	息
아니·못할 불	쉴·숨쉴 식

불식 : 쉬지 아니함. 예 自强不息(자강불식)

一部 — 4劃	言部 — 9劃
不	識
아니·못할 불	알 식

불식 : 알지 못함. 예 有所不識(유소불식)

一部 — 4劃	言部 — 13劃
不	詳
아니·못할 불	자세할 상

불상 : 자세하지 아니함. 비 未詳(미상)

一部 — 4劃	辶部 — 14劃
不	遠
아니·못할 불	멀 원

불원 : 거리나 시간 따위가 멀지 아니함. 예 不遠千里(불원천리)

불인 : 어질지 아니함. 예 君而不仁(군이불인)

불효 : 효도를 하지 아니함. 예 不孝子息(불효자식)

불효 : 효과가 없음. 예 不效之罪(불효지죄)

비가 : 슬픔을 나타낸 시가나 노래.

비도 : 도리나 인정에 어긋남. 예 非道德的(비도덕적)

비평 : 사물이나 작품 따위의 좋고 나쁨, 또는 옳고 그름을 평가함.

飛部 — 9劃	鳥部 — 11劃
飛	鳥
날·빠를 비	새 조

비조 : 하늘을 나는 새. 예 樹林飛鳥(수림비조)

飛部 — 9劃	行部 — 6劃
飛	行
날·빠를 비	다닐 행

비행 : 항공기 따위가 하늘을 날아다님. 예 飛行物體(비행물체)

貝部 — 11劃	貝部 — 15劃
貧	賤
가난할 빈	천할·값쌀 천

빈천 : 가난하고 천함. 반 富貴(부귀)

貝部 — 11劃	宀部 — 12劃
貧	寒
가난할 빈	찰·추울 한

빈한 : 살림이 몹시 가난하여 집안이 쓸쓸함.

示部 — 7劃	曰部 — 13劃
社	會
모일·사직 사	모일 회

사회 : 공동 생활을 하는 인간의 집단. 예 共同社會(공동사회)

口部 — 5劃	曰部 — 13劃
司	會
맡을·관청 사	모일 회

사회 : 집회나 예식 등에서 진행을 맡아봄. 예 司會者(사회자)

歹部 — 6劃	生部 — 5劃
死	生
죽을 사	날·살 생

사생 : 죽음과 삶. 예 死生決斷(사생결단)

歹部 — 6劃	氵部 — 9劃
死	活
죽을 사	살 활

사활 : 죽음과 삶(죽느냐 사느냐의 갈림). 예 死活岐路(사활기로)

巾部 — 10劃	辶部 — 13劃
師	道
스승 사	길·도리 도

사도 : 스승으로서 마땅히 지켜야할 도리.

巾部 — 10劃	言部 — 14劃
師	説
스승 사	말씀 설

사설 : 스승에 대한 설. 예 師道師說(사도사설)

士部 — 3劃	肉部 — 10劃
士	能
선비 사	능할 능

사능 : 조선 후기의 화가인 김홍도의 자(字).

亅部 — 8劃	禾部 — 12劃
事	稀
일·섬길 사	드물 희

사희 : ~일이 드물다는 뜻. 예 俗事稀(속사희)

刀部 — 9劃	氵部 — 12劃
削	減
깎을 삭	덜·줄일 감

삭감 : 계산·예산 따위를 깎아서 줄임. 예 豫算削減(예산삭감)

刀部 — 9劃	阝部 — 10劃
削	除
깎을 삭	덜·버릴 제

삭제 : 깎아서 없애거나 지워 버림. 예 名單削除(명단삭제)

山部 — 3劃	色部 — 6劃
山	色
뫼·산 산	빛·빛깔 색

산색 : 산 빛. 산의 경치. 예 秀麗山色(수려산색)

山部 — 3劃	氵部 — 11劃
山	深
뫼·산 산	깊을 심

산심 : 산이 깊음. 깊은 산. 예 山深綠樹(산심녹수)

殳部 — 11劃	羊部 — 6劃
殺	羊
죽일 살	양 양

살양 : 양을 잡음. 양을 죽임. 예 讐似殺羊(수사살양)

一部 — 3劃	口部 — 8劃
三	呼
석 삼	탄식할 호

삼호 : (만세 따위를)세 번 부름. 예 三呼萬歲(삼호만세)

小部 — 8劃	人部 — 15劃
尚	儉
높일 상	검소할 검

상검 : 검소를 숭상함(늘 검소함). 예 開福尚儉(개복상검)

言部 — 13劃	口部 — 11劃
詳	問
자세할 상	물을 문

상문 : 상세히 물음, 또는 그 질문.

目部 — 9劃	足部 — 12劃
相	距
서로 상	떨어질 거

상거 : 서로 떨어진 거리. 예 相距洞里(상거동리)

目部 — 9劃	竹部 — 11劃
相	符
서로 상	병부·부합 부

상부 : 서로 들어맞음. 예 言行相符(언행상부)

目部 — 9劃	心部 — 17劃
相	應
서로 상	응할 응

상응 : 서로 응함. 서로 기맥이 통함. 예 身分相應(신분상응)

巾部 — 11劃	亅部 — 8劃
常	事
떳떳할 상	일·섬길 사

상사 : 例常事(예상사)의 준말. 예삿일. 보통일.

一部 — 3劃	日部 — 10劃
上	書
윗·오를 상	글·책 서

상서 : 웃어른에게 글을 올림. 또는 그 글. 예 父母上書(부모상서)

人部 — 13劃	虍部 — 11劃
傷	處
상할·다칠 상	곳·처리 처

상처 : 몸의 다친 자리. 예 傷處痕迹(상처흔적)

雨部 — 17劃	木部 — 13劃
霜	楓
서리·세월 상	단풍나무 풍

상풍 : 서리맞거나 시든 단풍. 예 霜楓向紅(상풍향홍)

生部 — 5劃	示部 — 13劃
生	福
낳을·살 생	복·행복 복

생복 : 복을 생기게 함. 예 生福必盛(생복필성)

生部 — 5劃	氵部 — 11劃
生	涯
낳을·살 생	물가·끝 애

생애 : 이 세상에 살아 있는 동안. 예 偉人生涯(위인생애)

生部 — 5劃	心部 — 14劃
生	態
낳을·살 생	태도·모양 태

생태 : 생물이 자연계에서 생활하고 있는 모습. 예 自然生態(자연생태)

广部 — 11劃	子部 — 6劃
庶	子
여러·서출 서	아들·자식 자

`广广庐庐府庶庶`　　`了子`

庶 庶 庶 庶 子 子 子 子

서자 : 첩에게서 태어난 아들. 반 嫡子(적자)

广部 — 11劃	女部 — 8劃
庶	政
여러·서출 서	정사 정

`广广庐庐府庶庶`　　`丁下正正政政政`

庶 庶 庶 庶 政 政 政 政

서정 : 온갖 政事(정사). 온갖 정치에 관한 일. 예 庶政刷新(서정쇄신)

日部 — 8劃	日部 — 10劃
昔	時
옛·오랠 석	때·시기 시

`一十卄𠦒昔昔`　　`日日旷旷旷時時`

昔 昔 昔 昔 時 時 時 時

석시 : 옛날. 옛적. 옛날 시절. 예 異昔時(이석시)

夕部 — 3劃	阝部 — 12劃
夕	陽
저녁 석	볕·밝을 양

`ノク夕`　　`阝阝阝阝阴陽陽`

夕 夕 夕 夕 陽 陽 陽 陽

석양 : 저녁나절 지는 해. 노년(老年)의 비유.

人部 — 5劃	人部 — 7劃
仙	佛
신선 선	부처 불

`ノイ亻仙仙`　　`ノイ亻伊佛佛`

仙 仙 仙 仙 佛 佛 佛 佛

선불 : 신선과 부처. 선도와 불도. 예 山水仙佛(산수선불)

口部 — 12劃	心部 — 12劃
善	惡
착할·좋을 선	악할 악

`丷䒑羊䒑善善`　　`一丅丅西亞惡惡`

善 善 善 善 惡 惡 惡 惡

선악 : 착함과 악함. 예 善惡美醜(선악미추)

宀部 — 9劃	扌部 — 12劃
宣	揚
베풀 · 펼 선	날릴 · 높일 양

선양 : 국위 · 사세 따위를 널리 떨침. 예 國威宣揚(국위선양)

儿部 — 6劃	人部 — 10劃
先	修
먼저 · 조상 선	닦을 수

선수 : 먼저 수양함. 예 先修其身(선수기신)

儿部 — 6劃	火部 — 10劃
先	烈
먼저 · 조상 선	매울 · 절개 렬

선열 : 의(義)를 위하여 목숨을 바친 열사(烈士).

儿部 — 6劃	氵部 — 8劃
先	治
먼저 · 조상 선	다스릴 치

선치 : 먼저 다스림. 예 先治其國(선치기국)

言部 — 11劃	阝部 — 12劃
設	都
베풀 설	도읍 · 서울 도

설도 : 도읍을 정함. 예 立邦設都(입방설도)

言部 — 14劃	言部 — 13劃
說	話
말씀 설	이야기 화

설화 : 한 민족 사이에 전승되어 온 이야기들의 총칭.

고교한자 57

雨部 — 11劃	皿部 — 14劃
雪	盡
눈 설	다할 진

설진 : 눈이 녹음. 예 雪盡溪漲(설진계창)

忄部 — 8劃	心部 — 12劃
性	惡
성품 성	악할 악

성악 : 인간의 본성은 본디 악하다는 뜻. 반 性善(성선).

耳部 — 13劃	人部 — 2劃
聖	人
성인 성	사람 인

성인 : 세인들로부터 숭상받는 지덕이 뛰어난 사람.

皿部 — 12劃	老部 — 9劃
盛	者
성할 성	놈·것 자

성자 : 세력 따위를 크게 떨치는 사람. 예 盛者必衰(성자필쇠)

力部 — 13劃	人部 — 13劃
勢	傾
세력·권력 세	기울 경

세경 : 세력이 기울어짐. 예 勢傾則絶(세경즉절)

力部 — 13劃	辶部 — 13劃
勢	道
세력·권력 세	길·도리 도

세도 : 세력·권력 따위를 부릴 수 있는 사회적 지위나 권력.

止部 — 13劃	手部 — 9劃
歲	拜
해·나이 세	절·절할 배

세배 : 섣달 그믐이나 정초에 어른에게 드리는 인사.

止部 — 13劃	月部 — 4劃
歲	月
해·나이 세	달 월

세월 : 흘러가는 시간. 어느 한 때. 예) 虛送歲月(허송세월)

一部 — 5劃	人部 — 9劃
世	俗
인간·세상 세	풍속·속될 속

세속 : 이 세상. 세상의 풍속. 예) 世俗五戒(세속오계)

一部 — 5劃	禾部 — 14劃
世	稱
인간·세상 세	일컬을 칭

세칭 : 세상에서 흔히 말함. 예) 世稱是已(세칭시이)

糸部 — 11劃	言部 — 14劃
細	語
가늘 세	말씀·말 어

세어 : 속삭여 말함. 예) 附耳細語(부이세어)

氵部 — 9劃	氵部 — 17劃
洗	濯
씻을 세	씻을·빨 탁

세탁 : 더럽혀진 옷가지 따위를 물에 빨래함.

消息 소식 : 안부·동정 따위에 관한 기별이나 알림.

疏食 소식 : 거친 밥. 예 疏食空缺(소사공결)

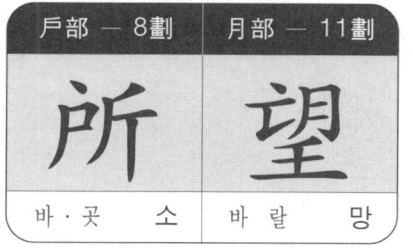

所望 소망 : 바라는 바. 소원. 예 統一所望(통일소망)

所以 소이 : 어떤 행위를 하게 된 까닭.

所患 소환 : 근심할 바. 예 學者所患(학자소환)

騷客 소객 : 시를 짓는 시인이나 문인.

糸部 — 10劃	木部 — 6劃
素	朴
횔·본디 소	질박할 박

소박 : 꾸밈이나 거짓이 없이 있는 그대로임.

口部 — 5劃	戈部 — 11劃
召	我
부를·청할 소	나·우리 아

소아 : 나를 부름. 예 召我以煙景(소아이연경)

小部 — 3劃	寸部 — 11劃
小	將
작을 소	장수·장차 장

소장 : 무관의 계급의 하나. 예 唐軍小將(당군소장)

人部 — 9劃	田部 — 12劃
俗	畵
풍속·속될 속	그림 화

속화 : 예술성이 없는 속된 그림. 예 俗畵士能(속화사능)

扌部 — 13劃	皿部 — 10劃
損	益
덜·잃을 손	더할 익

손익 : 경영의 결과로 생긴 자본 총액의 감소와 증가.

玄部 — 11劃	彳部 — 10劃
率	徒
거느릴 솔	무리 도

솔도 : 무리를 거느림. 예 桓雄率徒(환웅솔도)

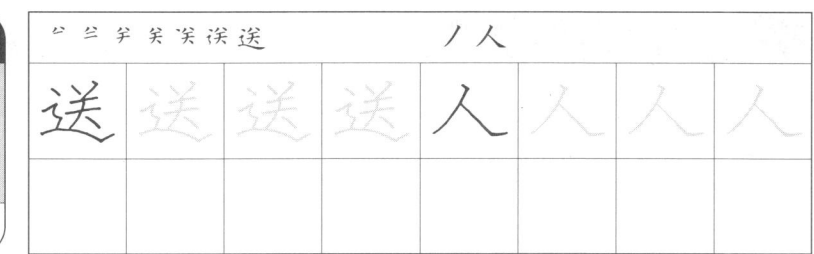

송인 : 보내는 사람. 예 別淚送人(별루송인)

쇄신 : 묵은 것이나 폐단을 없애고 새롭게 함.

수탁 : 물이 흐림. 예 水淸水濁(수청수탁)

수명 : 명령을 받음. 예 受命於天(수명어천)

수병 : 병이 듦. 예 筋骨受病(근골수병)

수임 : 임무를 받음. 위임 계약에 따라 사무를 위탁 받음.

扌部 — 11劃	木部 — 13劃
授	業
줄 수	업·일 업

수업 : 학교·학원 등에서 학업이나 기술을 가르쳐 줌.

手部 — 4劃	心部 — 8劃
手	快
손·수단 수	쾌할 쾌

수쾌 : 손이 재빠름. 예 力大手快(역대수쾌)

宀部 — 6劃	糸部 — 9劃
守	約
지킬·막을 수	묶을·약속 약

수약 : 자신을 지킴이 간략함. 예 守約施博(수약시박)

宀部 — 6劃	竹部 — 15劃
守	節
지킬·막을 수	마디·절개 절

수절 : 절의와 정절을 지킴. 예 守節寡婦(수절과부)

宀部 — 6劃	言部 — 21劃
守	護
지킬·막을 수	보호할 호

수호 : 나라나 국경 따위를 지키고 보호함. 예 守護天使(수호천사)

首部 — 9劃	食部 — 14劃
首	飾
머리 수	꾸밀 식

수식 : 여자의 머리에 꽂는 장식품 따위.

人部 — 10劃	辶部 — 13劃
修	道
닦을 수	길·도리 도

亻 亻 佟 伩 攸 修 修　　　丷 丷 首 首 首 道 道

修　　　　　道

수도 : 도를 닦음. 예) 入山修道(입산수도)

心部 — 13劃	ㅣ部 — 4劃
愁	中
근심 수	가운데 중

丿 千 禾 利 秋 愁 愁　　　丨 口 口 中

愁　　　　　中

수중 : 근심 중. 예) 愁中帶喜(수중대희)

隹部 — 17劃	日部 — 13劃
雖	暇
비록 수	한가할 가

吕 虽 虽 虽 趾 雖 雖　　　日 日 旷 眍 睱 暇 暇

雖　　　　　暇

수가 : 비록 한가하더라도. 예) 雖暇不息(수가불식)

隹部 — 17劃	火部 — 12劃
雖	然
비록 수	그럴 연

吕 虽 虽 虽 趾 雖 雖　　　夕 夕 夕 状 状 然 然

雖　　　　　然

수연 : 비록 그러하나. 예) 雖然慕尊(수연모존)

攵部 — 15劃	干部 — 6劃
數	年
수·셈 수	해·나이 년

口 日 旦 串 婁 數 數　　　丿 亠 冖 二 岦 年

數　　　　　年

수년 : 두서너 해. 예) 數年歲月(수년세월)

攵部 — 15劃	心部 — 13劃
數	意
수·셈 수	생각·뜻 의

口 日 旦 串 婁 數 數　　　亠 宀 立 咅 音 意 意

數　　　　　意

수의 : 자주 뜻을 둠. 예) 數意天下(수의천하)

車部 — 16劃	凵部 — 5劃
輸	**出**
실을 수	날·나갈 출

수출 : 상품이나 기술 따위를 외국으로 팔아 내보냄.

宀部 — 11劃	宀部 — 9劃
宿	**客**
잘·묵을 숙	손 객

숙객 : 머무르는 손님. 예 宿客還歸(숙객환귀)

火部 — 15劃	老部 — 6劃
熟	**考**
익숙할 숙	상고할 고

숙고 : 잘 생각함. 깊이 생각함. 예 深思熟考(심사숙고)

火部 — 15劃	言部 — 22劃
熟	**讀**
익숙할 숙	읽을 독

숙독 : 충분히 음미하면서 읽음. 예 熟讀一册(숙독일책)

夕部 — 6劃	夕部 — 8劃
夙	**夜**
일찍 숙	밤 야

숙야 : 이른 아침과 늦은 밤. 예 夙夜憂歎(숙야우탄)

聿部 — 13劃	宀部 — 10劃
肅	**容**
엄숙할 숙	얼굴 용

숙용 : 용모를 바르게 함. 예 肅容危坐(숙용위좌)

고교한자 65

歹部 — 10劃	口部 — 11劃
殉	國
몸받칠 순	나라 국

ㄘㄣㄢㄓㄐ殉殉　　丨冂冋國國國國

殉국 : 나라를 위해 목숨을 바침. 예 殉國先烈(순국선열)

彳部 — 8劃	玉部 — 11劃
循	理
좇을·돌릴 순	이치 리

彳彳彳彳循循循　　王玨玨玨理理理

순리 : 이치를 따름. 예 循理保家(순리보가)

糸部 — 10劃	口部 — 12劃
純	善
순수할 순	착할·좋을 선

幺幺糸糹糹純純　　丷丷羊羊善善善

순선 : 순수하고 착함. 예 理本純善(이본순선)

力部 — 12劃	貝部 — 9劃
勝	負
이길 승	짊어질 부

月月肝肵朕勝勝　　ク夕角角負負

승부 : 이김과 짐. 예 勝負根性(승부근성)

力部 — 12劃	老部 — 9劃
勝	者
이길 승	놈·것 자

月月肝肵朕勝勝　　十土耂者者者

승자 : 이긴 사람. 이긴 편. 반 敗者(패자)

巾部 — 5劃	土部 — 12劃
市	場
저자·시장 시	마당·곳 장

丶亠亠市市　　土圲圯坍場場

시장 : 여러 가지 상품을 팔고 사는 곳. 예 市場調査(시장조사)

日部 — 9劃	攴部 — 9劃
是	故
이·옳을 시	연고·까닭 고

시고 : '이러므로' 라는 뜻. ('故로' 는 그러므로)

日部 — 9劃	言部 — 16劃
是	謂
이·옳을 시	이를·말할 위

시위 : ~이라 불리움. 예 是謂天王(시위천왕)

日部 — 10劃	辶部 — 13劃
時	過
때·시기 시	지날·허물 과

시과 : 때로 지나감. 예 時時過(시시과)

日部 — 10劃	一部 — 3劃
時	下
때·시기 시	아 래 하

시하 : 이때. 이즈음. 예 時下仲春(시하중춘)

言部 — 13劃	文部 — 4劃
詩	文
시 시	글월·문서 문

시문 : 시가(詩歌)와 산문(散文).

方部 — 9劃	十部 — 12劃
施	博
베풀 시	넓을 박

시박 : 베풂이 넓음. 예 守約施博(수약시박)

시조 : 한 왕조나 가계의 초대가 되는 사람.

식견 : 사물을 올바르게 판단할 수 있는 능력이나 견식.

신단 : 신령에게 제사지내는 단. 예 神壇樹下(신단수하)

신선 : 선도(仙道)를 닦아 신통력을 얻은 사람.

신웅 : 천신인 환인(桓因)의 서자인 환웅(桓雄).

신의 : 믿음과 의리. 예 信義節槪(신의절개)

斤部 — 13劃	四部 — 19劃
新	羅
새 신	벌일·비단 라

신라 : 박혁거세를 시조로 한 삼국시대의 한 나라.

斤部 — 13劃	氵部 — 7劃
新	沐
새 신	머리감을 목

신목 : 새로 머리를 감음. 예 新沐彈冠(신목탄관)

斤部 — 13劃	刀部 — 8劃
新	制
새 신	억제할 제

신제 : 새로 만듦. 예 新制文字(신제문자)

日部 — 11劃	目部 — 9劃
晨	省
새벽 신	살필 성

신성 : 이른 아침에 부모님의 침소에 가서 안부를 살핌.

身部 — 7劃	骨部 — 23劃
身	體
몸·나 신	몸·형체 체

신체 : 사람의 몸. 예 身體髮膚(신체발부)

宀部 — 15劃	虍部 — 11劃
實	處
열매·사실 실	곳·처리 처

실처 : 실제로 거처하는 곳. 예 理之實處(이지실처)

| 深 (氵部 — 11劃) 깊을 심 | 思 (心部 — 9劃) 생각 사 |

심사 : 깊이 생각함. 예 深思熟考(심사숙고)

| 深 (氵部 — 11劃) 깊을 심 | 追 (辶部 — 10劃) 따를·쫓을 추 |

심추 : 깊이 따름. 예 深追先帝(심추선제)

| 甚 (甘部 — 9劃) 심할·매우 심 | 厚 (厂部 — 9劃) 두터울 후 |

심후 : 아주 두터움. 예 待之甚厚(대지심후)

| 雙 (隹部 — 18劃) 쌍·짝 쌍 | 親 (見部 — 16劃) 친할·부모 친 |

쌍친 : 양친의 이칭. 예 子孝雙親(자효쌍친)

| 我 (戈部 — 7劃) 나·우리 아 | 國 (囗部 — 11劃) 나라 국 |

아국 : 우리 나라. 비 我邦(아방)

| 我 (戈部 — 7劃) 나·우리 아 | 輩 (車部 — 15劃) 무리 배 |

아배 : 우리들. 비 吾等(오등)

隹部 — 12劃	忄部 — 19劃
雅	懷
우아할 아	품을 회

아회 : 고상한 회포 **예** 何伸雅懷(하신아회)

心部 — 12劃	女部 — 11劃
惡	婦
악할 악	지어미 부

악부 : 악독한 부인. 간악한 부녀. **비** 惡妻(악처)

心部 — 12劃	糸部 — 15劃
惡	緣
악할 악	인연 연

악연 : 불행한 인연. 나쁜 인연. 악인연의 준말.

木部 — 15劃	糸部 — 11劃
樂	終
음악 악	마칠 종

악종 : 음악이 끝남. **예** 惡終而止(악종이지)

頁部 — 18劃	色部 — 6劃
顔	色
얼굴 안	빛·빛깔 색

안색 : 얼굴빛·낯빛. **예** 顔色突變(안색돌변)

人部 — 6劃	手部 — 8劃
仰	承
우러를 앙	이을 승

앙승 : 우러러 받들음. **예** 仰承叡智(앙승예지)

고교한자 71

口部 — 9劃	木部 — 15劃
哀	樂
슬플 애	즐거울 락

애락 : 슬픔과 즐거움. 예) 喜怒哀樂(희노애락)

夕部 — 8劃	氵部 — 11劃
夜	深
밤 야	깊을 심

야심 : 밤이 이슥함. 예) 夜深時刻(야심시각)

夕部 — 8劃	辶部 — 13劃
夜	遊
밤 야	놀 유

야유 : 밤놀이. 밤에 돌아다니면서 노님.

里部 — 11劃	忄部 — 11劃
野	情
들·민간 야	뜻·사정 정

야정 : 시골 정취를 누림. 예) 放野情(방야정)

入部 — 8劃	立部 — 14劃
兩	端
둘·양반 양	끝·바를 단

양단 : 양쪽 끝. 혼인 때 붉고 푸른빛의 채단.

入部 — 8劃	玉部 — 10劃
兩	班
둘·양반 양	반열·차례 반

양반 : 조선 중기, 사대부 계층을 이르는 말.

艮部 — 7劃	月部 — 6劃
良	有
어질·좋을 량	있을 유

양유 : 진실로(까닭이) 있음. 예 良有以也(양유이야)

艮部 — 7劃	田部 — 5劃
良	由
어질·좋을 량	말미암을 유

양유 : 진실로 ~말미암음. 예 良由志立(양유지립)

方部 — 8劃	日部 — 9劃
於	是
이에 어	이·옳을 시

어시 : 이에. 이에 따라. 예 於是禁止(어시금지)

氵部 — 14劃	父部 — 4劃
漁	父
고기잡을 어	아비 부

어부 : 고기잡이를 업으로 하는 사람. 예 漁父之利(어부지리)

魚部 — 11劃	氵部 — 9劃
魚	活
물고기 어	살 활

어활 : 물고기가 삶. 예 水在魚活(수재어활)

忄部 — 16劃	口部 — 7劃
憶	君
기억할 억	임금·임 군

억군 : 임을 그리워함. 예 憶君無日(억군무일)

고교한자 73

車部 — 17劃	言部 — 15劃
輿	論
여럿 여	논의·평할 론

여론 : 사회 대중의 공통된 의견. 예) 輿論調査(여론조사)

臼部 — 13劃	言部 — 7劃
與	言
더불어·줄 여	말씀·말 언

여언 : 더불어 말함. 예) 不復與言(불부여언)

女部 — 3劃	身部 — 7劃
女	身
계집 녀	몸·나 신

여신 : 여자의 몸. 예) 熊得女身(웅득여신)

女部 — 6劃	雨部 — 8劃
如	雨
같을 여	비 우

여우 : 비오듯 함. 예) 砲丸如雨(포환여우)

方部 — 10劃	禾部 — 12劃
旅	程
나그네 려	법·한도 정

여정 : 여행의 일정. 여행의 노정.

止部 — 16劃	口部 — 5劃
歷	史
지낼·겪을 역	역사·사기 사

역사 : 인간 사회가 거쳐온 변천의 모습이나 그 기록.

馬部 — 23劃	口部 — 6劃
驛	吏
역·역말 역	관리·아전 리

역리 : 역참에 딸린 관아의 구실아치(역참에 딸린 아전).

火部 — 13劃	日部 — 12劃
煙	景
연기·담배 연	볕·경치 경

연경 : 아지랑이로 비유된 말. 예 김我以煙景(소아이연경)

廴部 — 7劃	月部 — 12劃
延	期
늘릴 연	기간·기한 기

연기 : 정해 놓은 기한을 뒤로 물림. 예 無期延期(무기연기)

火部 — 16劃	米部 — 10劃
燃	料
불 탈 연	헤아릴 료

연료 : 열·동력 따위를 얻기 위해 태우는 물질의 통칭.

火部 — 12劃	刀部 — 9劃
然	則
그럴 연	법(칙),곧 즉

연즉 : '그러하니·그러면'의 뜻을 나타내는 접속부사.

火部 — 12劃	彳部 — 9劃
然	後
그럴 연	뒤·늦을 후

연후 : '연후에'의 준말로 '그런 뒤'란 뜻.

고교한자 75

辶部 — 11劃	大部 — 4劃
連	天
이 을 련	하늘·임금 천

연천 : 하늘에 닿음. 예 遠水連天(원수연천)

宀部 — 14劃	人部 — 15劃
寧	儉
차 라 리 녕	검 소 할 검

영검 : 검소한 것이 더 나음. 예 奢侈寧儉(사치영검)

宀部 — 14劃	走部 — 9劃
寧	赴
차 라 리 녕	부 임 할 부

영부 : 차라리 ~에 감. 예 寧赴湘流(영부상류)

言部 — 12劃	欠部 — 14劃
詠	歌
읊 을 영	노 래 가

영가 : 곡조에 맞추어 노래 부름, 또는 그 노래.

頁部 — 14劃	目部 — 9劃
領	相
다 스 릴 령	서 로 상

영상 : 영의정(領議政)의 이칭.

艹部 — 9劃	宀部 — 15劃
英	實
꽃 부 리 영	열매·사실 실

영실 : 과학자로 세종대왕을 도와 많은 발명을 한 장영실.

++部 — 9劃	隹部 — 12劃
英	雄
꽃부리 영	숫컷·영웅 웅

영웅 : 재지(才智)와 담력과 무용(武勇)이 특별히 뛰어난 인물.

山部 — 17劃	氵部 — 12劃
嶺	湖
재·고개 령	호수 호

영호 : 영남지방과 호남지방. 예 漂泊嶺湖(표박영호)

++部 — 19劃	行部 — 11劃
藝	術
재주 예	꾀·방법 술

예술 : 미를 창조하고 표현하는 인간의 활동, 또는 그 산물.

口部 — 7劃	耳部 — 14劃
吾	聞
나·자기 오	들을 문

오문 : 내가 들음. 예 明日吾聞(명일오문)

口部 — 7劃	身部 — 7劃
吾	身
나·자기 오	몸·나 신

오신 : 나의 몸. 예 吾身吾心(오신오심)

心部 — 12劃	十部 — 8劃
惡	卑
더러울 오	낮을·천할 비

오비 : 비천한 것을 싫어함. 예 惡卑慕尊(오비모존)

오수 : 낮잠. 📑 午寢(오침)

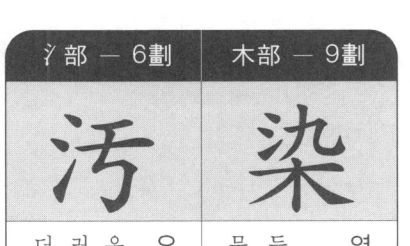

오염 : 공기, 물 따위가 세균·가스 등에 의해 독성을 갖게 됨.

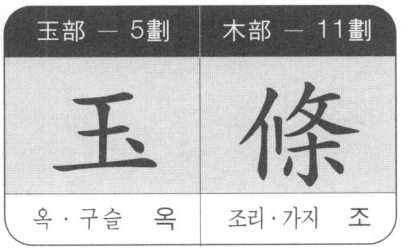

옥조 : 지극히 중요한 조목이나 규칙. 예 金科玉條(금과옥조)

옥중 : 옥에 갇히어 있는 동안. 예 獄中投爭(옥중투쟁)

온난 : 날씨가 따뜻함. 예 溫暖寒冷(온난한냉)

완수 : 모두 이루어지거나 다함. 예 責任完遂(책임완수)

糸部 — 15劃	行部 — 6劃
緩	行
느릴·늦출 완	다닐 행

완행 : 느리게 감. 예) 緩行列車(완행열차)

玉部 — 4劃	人部 — 15劃
王	儉
임금 왕	검소할 검

왕검 : 단군의 이름. 예) 檀君王儉(단군왕검)

夕部 — 5劃	貝部 — 11劃
外	貨
바깥·외국 외	재화 화

외화 : 외국의 화폐. 외국에서 들어오는 화물 따위.

二部 — 3劃	人部 — 4劃
于	今
어조사 우	이제·지금 금

우금 : 지금까지, 이제까지 예) 于今未果(우금미과)

又部 — 4劃	心部 — 13劃
友	愛
벗·우애 우	사랑·아낄 애

우애 : 형제간이나 친구 사이의 도타운 정과 사랑.

又部 — 2劃	刀部 — 8劃
又	制
또·다시 우	억제할 제

우제 : 또 제작함. 예) 世宗又制(세종우제)

우민 : 국민이 통치자에게 '자신'을 낮추어 일컫는 말.

우부 : 어리석은 여자. 예 庸人愚婦(용인우부)

우심 : 걱정하는 마음. 예 父不憂心(부불우심)

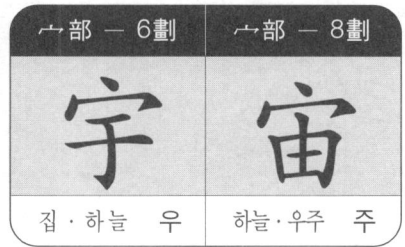

우주 : 천체를 비롯한 만물을 포용하는 물리학적 공간을 이름.

원년 : 임금이 즉위한 해. 연호를 정한 첫해.

원조 : 한 겨레의 맨 처음 조상. 어떤 일을 처음 시작한 사람.

辶部 — 14劃	辶部 — 8劃
遠	近
멀 원	가까울 근

원근 : 멀고 가까움, 또는 먼 곳과 가까운 곳.

辶部 — 14劃	彳部 — 8劃
遠	征
멀 원	정벌할 정

원정 : 멀리 적을 치기 위해 감. 예 遠征競技(원정경기)

頁部 — 19劃	匕部 — 4劃
願	化
원할·바랄 원	될 화

원화 : 변화되기를 원함. 예 願化爲人(원화위인)

卩部 — 6劃	隹部 — 19劃
危	難
위태할 위	어려울 난

위난 : 매우 위급하고 어려운 경우. 예 危難之間(위난지간)

爪部 — 12劃	亅部 — 8劃
爲	事
할·위할 위	일·섬길 사

위사 : '일을 하다' 의 뜻. 예 人之爲事(인지위사)

爪部 — 12劃	止部 — 6劃
爲	此
할·위할 위	이·지금 차

위차 : 이것을 위하여. 예 爲此憫然(위차민연)

위성 : 행성의 둘레를 운행하는 작은 천체. 예 人工衛星(인공위성)

유구 : 연대가 아득히 길고 오래됨. 예 悠久歷史(유구역사)

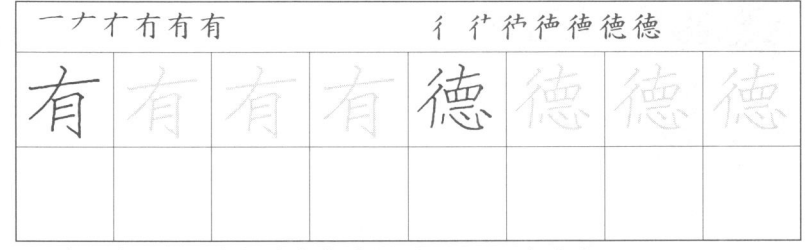

유덕 : 덕을 갖추거나 덕망이 있음. 예 有德人(유덕인)

유문 : 들어본 적이 없음. 예 後鮮有聞(후선유문)

유물 : 과거 인류가 남긴 유형의 제작품. 예 遺物遺蹟(유물유적)

유시 : '이로 말미암아'라는 말. 예 由是感激(유시감격)

人部 — 16劃	玉部 — 11劃
儒	理
선비 유	다스릴 리

유리 : 신라 제3대 유리왕. 성은 박씨로 도솔가를 지음.

辶部 — 13劃	子部 — 3劃
遊	子
놀 유	아들·자식 자

유자 : 나그네. 예 浮雲遊子(부운유자)

糸部 — 14劃	扌部 — 9劃
維	持
벼리·맬 유	버틸·가질 지

유지 : 어떤 상태를 그대로 지니어 가거나 지탱함.

八部 — 4劃	見部 — 16劃
六	親
여섯 륙	친할·부모 친

육친 : 부모·형제·처자를 통틀어 이르는 말.

車部 — 15劃	火部 — 16劃
輪	燈
바퀴·둘레 륜	등불 등

윤등 : 불전에 매다는 둥근 등. 예 佛前輪燈(불전윤등)

乙部 — 1劃	夕部 — 8劃
乙	夜
새·천간 을	밤 야

을야 : 이경(二更). 오후 9시에서 11시 사이를 이름.

고교한자 83

阝部 — 11劃	彳部 — 15劃
陰	德
그늘 음	덕·큰 덕

阝阝阝陰陰陰陰　　彳彳彳德德德德

음덕 : 남 앞에 드러내지 않게 베푸는 덕.

食部 — 13劃	食部 — 9劃
飮	食
마실·음식 음	먹을·음식 식

飮飮飮飮飮飮飮　　食食食食食食食

음식 : 사람이 먹고 마시는 것의 총칭.

羊部 — 13劃	八部 — 7劃
義	兵
옳을·뜻 의	군사·무기 병

義義義義義義　　兵兵兵兵兵兵兵

의병 : 나라를 구하기 위해 스스로 일어난 군사.

衣部 — 6劃	月部 — 8劃
衣	服
옷·입을 의	옷·복종할 복

衣衣衣衣衣衣　　服服服月服服服

의복 : 사람이 입는 옷의 총칭. 예) 公會衣服(공회의복)

心部 — 13劃	辶部 — 14劃
意	遠
생각·뜻 의	멀 원

意意立音音意意　　遠土吉袁袁遠遠

의원 : 뜻이 심원함. 예) 使人意遠(사인의원)

貝部 — 12劃	辶部 — 13劃
貳	過
두·버금 이	지날·허물 과

貳貳貳貳貳貳　　過過過過過過過

이과 : 잘못을 두 번 함. 예) 貳過不幸(이과불행)

人部 — 5劃	攴部 — 9劃
以	故
써·쓸 이	연고·까닭 고

이고 : 이런 까닭으로. 예 以故魚枯(이고어고)

人部 — 5劃	土部 — 12劃
以	報
써·쓸 이	갚을·보답 보

이보 : 은혜에 보답함. 예 以報先帝(이보선제)

玉部 — 11劃	囗部 — 11劃
理	國
다스릴 리	나라 국

이국 : 나라를 다스림. 비 治國(치국)

玉部 — 11劃	貝部 — 10劃
理	財
다스릴 리	재물 재

이재 : 재물을 다루어 운용함. 예 必先理財(필선이재)

日部 — 8劃	羽部 — 11劃
易	習
쉬울 이	익힐 습

이습 : 쉽게 익힘. 예 易習便用(이습편용)

木部 — 7劃	囗部 — 13劃
李	園
오얏·자두 리	동산 원

이원 : 자두나무가 무성한 정원. 예 桃李芳園(도리방원)

己部 — 3劃	宀部 — 8劃
已	定
이미·그칠 이	정할 정

이정 : 이미 평정됨. 예 南方已定(남방이정)

己部 — 3劃	足部 — 7劃
已	足
이미·그칠 이	발·족할 족

이족 : 이미 풍족함. 예 兵甲已足(병갑이족)

人部 — 2劃	木部 — 22劃
人	權
사람 인	권세·권력 권

인권 : 누구나 태어나면서부터 가지고 있는 기본적인 권리.

心部 — 7劃	而部 — 9劃
忍	耐
참을 인	견딜·참을 내

인내 : 괴로움··어려움·노여움 따위에 참고 견딤.

人部 — 4劃	羊部 — 13劃
仁	義
어질 인	옳을·뜻 의

인의 : 어질고 의로움. 예 仁義禮智(인의예지)

女部 — 9劃	見部 — 16劃
姻	親
혼인 인	친할·부모 친

인친 : 사돈. 자녀의 혼인으로 두 집안이 맺어지는 척분관계.

日部 — 4劃	艹部 — 17劃
日	薄
날·해 일	얇을 박

일박 : 날로 엷어짐. 예 素朴日薄(소박일박)

日部 — 4劃	斗部 — 11劃
日	斜
날·해 일	기울·비낄 사

일사 : 해가 짐. 예 西日欲斜(서일욕사)

臣部 — 17劃	氵部 — 10劃
臨	流
임할 림	흐를 류

임류 : 흐르는 물에 임함. 예 臨流意遠(임류의원)

臣部 — 17劃	歹部 — 6劃
臨	死
임할 림	죽을 사

임사 : 죽을 고비에 이름. 비 臨終(임종)

木部 — 8劃	里部 — 11劃
林	野
수풀 림	들·민간 야

임야 : 개간되지 않고 숲과 나무가 있는 땅.

木部 — 8劃	亠部 — 7劃
林	亭
수풀 림	정자 정

임정 : 숲속의 정자. 예 林亭秋晚(임정추만)

立部 — 5劃	阝部 — 7劃
立	邦
설·세울 립	나라 방

입방 : 나라를 세움. 예 立邦設都(입방설도)

立部 — 5劃	心部 — 7劃
立	志
설·세울 립	뜻·뜻할 지

입지 : 뜻을 세움. 예 立志爲本(입지위본)

自部 — 6劃	++部 — 9劃
自	若
스스로 자	같을·만일 약

자약 : 큰 일을 당하여도 아무렇지 않은 듯 침착함.

自部 — 6劃	彳部 — 11劃
自	從
스스로 자	좇을·일할 종

자종 : 스스로 따름. 예 自從所欲(자종소욕)

貝部 — 13劃	氵部 — 13劃
資	源
재물 자	근원 원

자원 : 어떤 목적에 이용할 수 있는 물자나 인재.

子部 — 3劃	子部 — 7劃
子	孝
아들·자식 자	효도 효

자효 : 아들의 효도. 자식의 효도. 예 子孝雙親(자효쌍친)

人部 — 7劃	乙部 — 13劃
作	亂
지을·일할 작	어지러울 란

작란 : 난리를 일으킴. 예 好作亂者(호작난자)

歹部 — 12劃	月部 — 4劃
殘	月
남을·모질 잔	달 월

잔월 : 지새는 달. 거의 넘어가게 된 새벽달. 예 殘月曉星(잔월효성)

長部 — 8劃	老部 — 6劃
長	老
길·어른 장	늙을 로

장로 : 나이가 지긋하고 덕이 높은 사람을 일컫는 말.

長部 — 8劃	土部 — 12劃
長	堤
길·어른 장	방죽·둑 제

장제 : 강이나 바다의 길다란 둑. 예 長堤草色(장제초색)

一部 — 3劃	大部 — 4劃
丈	夫
어른 장	지아비 부

장부 : 다 자란 건강한 남자. 예 大丈夫(대장부)

士部 — 7劃	士部 — 3劃
壯	士
웅장할 장	선비 사

장사 : 기개와 체질이 굳센 사람. 예 平安壯士(평안장사)

장군 : 군을 통솔하는 무관. 예) 獨不將軍(독불장군)

장려 : 권하여 힘쓰게 함. 예) 農事獎勵(농사장려)

장치 : 기계·무대·설비·따위를 설치함. 또는 그 기구.

재경 : 서울에 있음. 서울에 머물러 있음. 예) 在京在鄕(재경재향)

재향 : 현재 고향에서 살고 있음. 예) 在鄕軍人(재향군인)

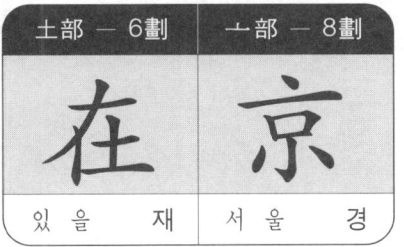

저축 : 절약해 금융기관 등에 맡겨 모음. 예) 貯蓄預金(저축예금)

才部 — 8劃	木部 — 8劃
抵	枕
막을·대저 저	베개 침

저침 : 베개를 벰. 예 抵枕就睡(저침취수)

八部 — 8劃	冖部 — 9劃
典	冠
법·의식 전	갓 관

전관 : 임금의 관을 맡아 관리하는 관리.

戈部 — 16劃	八部 — 8劃
戰	具
싸움 전	갖출·공구 구

전구 : 전쟁에 쓰이는 기구. 예 以作戰具(이작전구)

田部 — 5劃	大部 — 4劃
田	夫
밭 전	지아비 부

전부 : 농사를 짓는 농부 예 田夫耕者(전부경자)

人部 — 13劃	手部 — 8劃
傳	承
전할·펼 전	이을 승

전승 : 어떤 계통을 대대로 전하여 이어감.

寸部 — 11劃	心部 — 4劃
專	心
오로지 전	마음 심

전심 : 마음을 오로지 한 일에만 모아서 씀.

雨部 — 13劃	子部 — 3劃
電	子
번개·전기 전	아들·자식 자

전자 : 원자를 이루는 기본적 소립자의 한 가지.

車部 — 18劃	扌部 — 12劃
轉	換
구를·옮길 전	바꿀 환

전환 : 방침이나 경향·상태 등이 다른 것으로 바뀜.

竹部 — 15劃	人部 — 15劃
節	儉
마디·절개 절	검소할 검

절검 : 절약하고 검소하게 함. 예 節儉爲先(절검위선)

竹部 — 15劃	欠部 — 6劃
節	次
마디·절개 절	버금·다음 차

절차 : 일을 치르는 데 밟아야 하는 차례와 방법.

止部 — 5劃	音部 — 9劃
正	音
정 사 정	소리·가락 음

정음 : '훈민정음'의 준말. 글자의 바른 음이라는 뜻.

攵部 — 8劃	人部 — 8劃
政	似
정 사 정	같을 사

정사 : 바로 비슷함. 예 政似靑山(정사청산)

米部 — 14劃	示部 — 9劃
精	神
정 성 정	귀신·정신 신

정신 : 사고나 감정의 작용을 다스리는 인간의 마음.

弓部 — 7劃	心部 — 10劃
弟	恭
아우·제자 제	공손할 공

제공 : 아우의 공손함. 예 兄友弟恭(형우제공)

言部 — 16劃	車部 — 9劃
諸	軍
모두·여러 제	군사·병사 군

제군 : 모든 군대. 예 諸軍將軍(제군장군)

言部 — 16劃	子部 — 3劃
諸	子
모두·여러 제	아들·자식 자

제자 : 중국 춘추 전국 시대에 학설을 이룬 사람들의 저서나 학설.

言部 — 16劃	人部 — 9劃
諸	侯
모두·여러 제	제후 후

제후 : 봉건 시대에 군주로부터 한 곳을 분할 받아 백성을 다스리던 사람.

阝部 — 10劃	夕部 — 3劃
除	夕
덜·버릴 제	저녁 석

제석 : 섣달 그믐날 밤. 비 除夜(제야)

고교한자 93

示部 — 11劃	大部 — 4劃
祭	天
제사 제	하늘·임금 천

제천 : 하늘에 제사를 지냄. 예 祭天行事(제천행사)

扌部 — 12劃	扌部 — 13劃
提	携
끌 제	가질·이끌 휴

제휴 : 공동의 목적을 위하여 서로 도와 일을 함. 예 技術提携(기술제휴)

示部 — 9劃	囗部 — 11劃
祖	國
조상 조	나라 국

조국 : 조상 때부터 살아오고 자기가 태어난 나라.

月部 — 12劃	魚部 — 17劃
朝	鮮
아침·조정 조	고울·생선 선

조선 : 상고 때부터 불리워오던 우리나라의 이름.

禾部 — 10劃	禾部 — 12劃
租	稅
세금·구실 조	세금·부세 세

조세 : 국가나 지방 자치 단체가 공세로 거두어 들이는 돈.

辶部 — 11劃	日部 — 10劃
造	時
만들 조	때·시기 시

조시 : 시대를 만듦. 예 英雄造時(영웅조시)

才部 — 16劃	糸部 — 17劃
操	縱
잡을·지조 조	세로 종

조종 : 기계류·항공기 따위를 마음대로 다루어 부림.

寸部 — 12劃	里部 — 9劃
尊	重
높일 존	무거울 중

존중 : 존경하거나 소중히 여겨 높이 받듦.

彳部 — 11劃	亅部 — 8劃
從	事
좇을·일할 종	일·섬길 사

종사 : 어떤 일을 업으로 일삼아 함. 예 一夫從事(일부종사)

彳部 — 11劃	巾部 — 10劃
從	師
좇을·일할 종	스승 사

종사 : 스승을 따름. 예 從師師道(종사사도)

糸部 — 11劃	耳部 — 17劃
終	聲
마칠 종	소리·명성 성

종성 : 끝소리. 종자음(終子音)을 일컬음.

糸部 — 11劃	夕部 — 8劃
終	夜
마칠 종	밤 야

종야 : 하루 밤 동안. (부사적 용법으로) 밤새도록.

土部 — 7劃	艹部 — 8劃
坐	花
앉을 좌	꽃 화

좌하 : 꽃 위에 앉음. 예 坐花醉月(좌화취월)

口部 — 8劃	方部 — 11劃
周	旋
두루·둘레 주	돌·돌릴 선

주선 : 분쟁·직분 따위를 중개하여 일을 잘되도록 힘씀.

日部 — 11劃	夕部 — 8劃
晝	夜
낮 주	밤 야

주야 : 밤낮. 낮과 밤. 예 朝夕晝夜(조석주야)

辶部 — 16劃	氵部 — 8劃
遵	法
좇을·지킬 준	법·형벌 법

준법 : 규범이나 법령 따위를 잘 지킴. 예 遵法情神(준법정신)

人部 — 9劃	禾部 — 7劃
俊	秀
뛰어날 준	빼어날 수

준수 : 풍채가 썩 빼어나거나 재주와 슬기가 남달리 뛰어남.

人部 — 6劃	人部 — 4劃
仲	介
버금·거간 중	끼일 개

중개 : 제삼자 입장에서 당사자 사이에 끼어 들어 일을 주선함.

I部 — 4劃	广部 — 11劃
中	庸
가운데 중	용렬할 용

중용 : 어느 쪽으로나 치우침이 없이 온당한 일.

I部 — 4劃	厂部 — 10劃
中	原
가운데 중	언덕·근본 원

중원 : 중국 문화의 발원지인 황하 중류의 남북 영양 지역.

血部 — 12劃	人部 — 2劃
衆	人
무리·많을 중	사람 인

중인 : 뭇사람. 모든 사람. 예 衆人皆醉(중인개취)

刀部 — 9劃	攴部 — 12劃
則	散
법(칙),곧 즉	흩어질 산

즉산 : 곧 흩어짐. 예 利窮則散(이궁즉산)

土部 — 15劃	高部 — 10劃
增	高
늘·더할 증	높을 고

증고 : 더 높게 함. 예 增高其城(증고기성)

至部 — 6劃	口部 — 12劃
至	善
지극할 지	착할·좋을 선

지선 : 더없이 착함. 예 至高至善(지고지선)

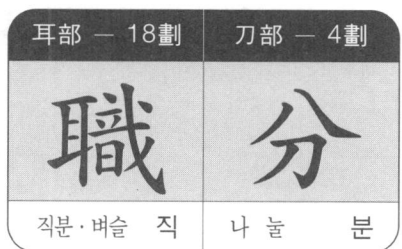

직분 : 직무상의 본분. 마땅히 해야 할 본분.

직주 : 곧장 달려감. 머뭇거림없이 달려감.

大部 — 10劃	臼部 — 15劃
眞	興
참·진실 진	일어날 흥

진흥 : 신라 제24대 진흥왕, 성은 김(金).

진흥 : 학술·산업·예술 따위가 떨쳐 일어남.

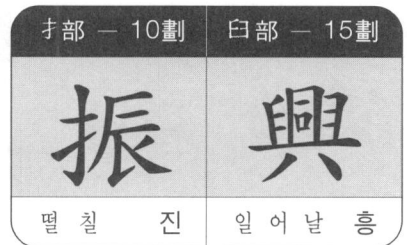

진언 : 진부한 말. 케케묵은 말. 예 不得陳言(부득진언)

辶部 — 12劃	皿部 — 14劃
進	盡
나아갈 진	다할 진

진진 : 올리는 것에 이르름. 예 進盡忠言(진진충언)

禾部 — 10劃	广部 — 7劃
秩	序
차례 질	차례 서

질서 : 지켜야할 일정한 차례나 규칙. 예 秩序整然(질서정연)

止部 — 6劃	力部 — 12劃
此	勝
이·지금 차	이길 승

차승 : 이것이 더 나음. 예 此勝彼劣(차승피열)

止部 — 6劃	彳部 — 9劃
此	後
이·지금 차	뒤·늦을 후

차후 : 이 다음. 이 뒤. 예 此後決定(차후결정)

宀部 — 14劃	言部 — 23劃
察	變
살필 찰	변할 변

찰변 : 변화를 살핌. 예 觀時察變(관시찰변)

日部 — 14劃	辶部 — 13劃
暢	達
화창할 창	통달할 달

창달 : 막힘이 없이 통하거나 숙달함.

氵部 — 13劃	氵部 — 10劃
滄	浪
찰·푸를 창	물결 랑

창랑 : 푸른 물결. 비 滄波(창파)

刀部 — 12劃	人部 — 7劃
創	作
비롯할 창	지을·일할 작

창작 : 예술 작품 따위를 독창적으로 만들거나 표현하는 일.

貝部 — 11劃	人部 — 6劃
責	任
꾸짖을 책	맡길 임

책임 : 맡아서 해야 할 임무나 의무. 예 責任完遂(책임완수)

虍部 — 11劃	一部 — 5劃
處	世
곳·처리 처	인간·세상 세

처세 : 남들과 사귀면서 살아가는 일. 예 處世術(처세술)

大部 — 4劃	人部 — 10劃
天	倫
하늘·임금 천	인륜 륜

천륜 : 부자·형제 사이에 마땅히 지켜야 할 도리.

大部 — 4劃	辶部 — 13劃
天	遊
하늘·임금 천	놀 유

천유 : 하늘의 구름. 예 天遊鏡裏(천유경리)

大部 — 4劃	火部 — 7劃
天	災
하늘·임금 천	재앙 재

천재 : 자연 현상으로 일어나는 재난이나 참상. 예 天災地變(천재지변)

辶部 — 16劃	心部 — 9劃
遷	怒
옮길 천	성낼 노

천노 : 노여움으로 남에게 옮김. 예 不遷怒(불천노)

彳部 — 15劃	夕部 — 8劃
徹	夜
통할·걸을 철	밤 야

철야 : 자지 않고 밤을 세움. 예 徹夜作業(철야작업)

小部 — 6劃	立部 — 14劃
尖	端
꼭대기 첨	끝·바를 단

첨단 : 시대의 흐름·유행 따위의 맨 앞장. 예 尖端科學(첨단과학)

耳部 — 22劃	鳥部 — 14劃
聽	鳴
들을 청	울 명

청명 : 우는 소리를 들음. 예 高閣聽鳴(고각청명)

靑部 — 8劃	山部 — 3劃
靑	山
푸를·젊을 청	뫼·산 산

청산 : 초목이 우거진 푸른 산. 예 靑山流水(청산유수)

靑部 — 8劃	日部 — 9劃
靑	春
푸를·젊을 청	봄 춘

청춘 : 스무 살 안팎의 젊은 나이. 예 靑春男女(청춘남여)

氵部 — 11劃	貝部 — 11劃
清	貧
맑을 청	가난할 빈

청빈 : 성정이 청렴하여 살림이 구차함. 비 寒素(한소)

氵部 — 11劃	氵部 — 16劃
清	濁
맑을 청	흐릴 탁

청탁 : 맑음과 흐림. 사물의 옳고 그름 따위로도 비유.

刀部 — 7劃	广部 — 9劃
初	度
처음·시초 초	법도(건널) 도

초도 : 처음 건널 때. (度는 渡로 해석)

艹部 — 10劃	色部 — 6劃
草	色
풀·거칠 초	빛·빛깔 색

초록 : 풀의 빛깔. 양식이 없어 풀만을 먹어서 누렇게 뜬 얼굴빛.

艹部 — 10劃	艹部 — 8劃
草	芽
풀·거칠 초	싹·싹틀 아

초아 : 풀의 싹. 예 春雨草芽(춘우초아)

人部 — 9劃	辶部 — 12劃
促	進
재촉할 촉	나아갈 진

촉진 : 재촉하여 빨리 진행되도록 함. 예 販賣促進(판매촉진)

耳部 — 17劃	日部 — 8劃
聰	明
귀밝을 총	밝을 명

聰明 : 영리하고 재주가 많음. 예) 聰明頭腦(총명두뇌)

糸部 — 17劃	日部 — 9劃
總	是
거느릴 총	이·옳을 시

總是 : 이 모두는 ~때문임. 예) 總是憶君(총시억군)

糸部 — 17劃	口部 — 8劃
總	和
거느릴 총	화할·순할 화

總和 : 전체를 합함. 전체의 화합. 예) 總和團結(총화단결)

辶部 — 10劃	手部 — 17劃
追	擊
따를·쫓을 추	칠 격

追擊 : 도망하는 적 등을 뒤쫓아가면서 공격함.

禾部 — 9劃	月部 — 4劃
秋	月
가을 추	달 월

秋月 : 가을 달. 예) 秋月明輝(추월명휘)

田部 — 10劃	牛部 — 8劃
畜	物
기를·가축 축	만물·물건 물

畜物 : 집에서 기르는 짐승. 예) 家畜(가축)

++部 - 14劃	心部 - 7劃
蓄	志
쌓을 축	뜻·뜻할 지

축지 : 뜻을 쌓음. 예 蓄志當奇(축지당기)

日部 - 9劃	夕部 - 8劃
春	夜
봄 춘	밤 야

춘야 : 봄철의 밤. 예 春夜李園(춘야이원)

日部 - 9劃	香部 - 9劃
春	香
봄 춘	향기 향

춘향 : 봄의 향기. '춘향전'의 주인공 이름.

山部 - 5劃	車部 - 9劃
出	軍
날·나갈 출	군사·병사 군

출군 : 군대를 출동함. 예 出軍追擊(출군추격)

山部 - 5劃	巾部 - 10劃
出	師
날·나갈 출	스승 사

출사 : 군대를 동원하여 전쟁에 내어 보냄. 비 出兵(출병)

心部 - 8劃	心部 - 10劃
忠	恕
충성 충	용서할 서

충서 : 충실하고 인정이 많음. 정성을 다하여 남을 헤아림.

心部 — 8劃	臣部 — 6劃
忠	臣
충성 충	신하 신

충신 : 충성을 다하는 신하. 충성스런 신하.

尤部 — 12劃	目部 — 13劃
就	睡
이룰 취	잠잘·졸 수

취수 : 잠을 잠. 예 抵枕就睡(저침취수)

又部 — 8劃	又部 — 4劃
取	友
취할 취	벗·우애 우

취우 : 벗을 취함. 예 取友端人(취우단인)

酉部 — 15劃	月部 — 4劃
醉	月
취할·흐릴 취	달 월

취월 : 달빛에 취함. 예 夜遊醉月(야유취월)

氵部 — 8劃	宀部 — 10劃
治	家
다스릴 치	집·집안 가

치가 : 집안일을 보살피어 다스림. 비 治産(치산)

至部 — 10劃	心部 — 7劃
致	志
이룰 치	뜻·뜻할 지

치지 : 뜻을 다함. 예 專心致志(전심치지)

見部 — 16劃	氏部 — 5劃
親	民
친할·부모 친	백성 민

친민 : 백성을 새롭게 함. (여기서 親은 新으로 봄)

心部 — 8劃	殳部 — 11劃
快	殺
쾌할 쾌	죽일 살

쾌살 : 통쾌하게 죽임. 예 快殺殺羊(쾌살살양)

女部 — 7劃	十部 — 10劃
妥	協
온당할 타	도울·화할 협

타협 : 당사자간 서로 좋도록 양보하여 협의함.

氵部 — 16劃	气部 — 10劃
濁	氣
흐릴 탁	기운·공기 기

탁기 : 기가 흐림. 예 惡者濁氣(악자탁기)

玉部 — 12劃	石部 — 16劃
琢	磨
갈·쫄 탁	갈 마

탁마 : 돌을 연마하고 갈듯 학문이나 덕행을 닦음.

貝部 — 11劃	水部 — 6劃
貪	求
탐할 탐	구할·청할 구

탐구 : 탐내어 얻고자 함. 예 貪求人世(탐구인세)

106 고교한자

歹部 — 9劃	火部 — 12劃
殆	無
위태할 태	없을 무

ーァㄅ歹殆殆殆   ノㄧㄧ無無無無

殆　　　　　無

태무 : 거의 없음. 예) 殆半殆無(태반태무)

大部 — 4劃	示部 — 9劃
太	祖
클·콩 태	조상 조

一ナ大太   二千亓示祁祖祖

太　　　　　祖

태조 : 한 왕조를 일으킨 첫 임금. 예) 太祖王建(태조왕건)

糸部 — 12劃	一部 — 1劃
統	一
거느릴 통	한 일

ノ幺糸紵紵統統   一

統　　　　　一

통일 : 나누어진 것들을 하나로 결집함. 예) 祖國統一(조국통일)

扌部 — 7劃	貝部 — 13劃
投	資
던질·줄 투	재물 자

一十扌扌扠投   ノ冫次次咨資資

投　　　　　資

투자 : 이익을 목적으로 사업 등에 자금을 댐.

牛部 — 10劃	歹部 — 10劃
特	殊
특별할 특	다를 수

丨牜牜牜牮特特   一ァㄅ歹歼殊殊

特　　　　　殊

특수 : 보통과 다름. 예) 特殊狀況(특수상황)

石部 — 10劃	土部 — 19劃
破	壞
깨트릴 파	무너질 괴

ーァ石石矿砂破   土圹坤壩壞壞壞

破　　　　　壞

파괴 : 건물·조직 따위를 부수거나 무너뜨림.

派병 : 군대를 파견함. 예 軍士派兵(군사파병)

판로 : 상품 따위가 팔려 나가는 길이나 방면.

패군 : 싸움에 진 군사. 예 敗軍之將(패군지장)

편득 : 문득 ~을 얻음. 예 便得人形(편득인형)

편월 : 조각달. 예 長安片月(장안편월)

편주 : 조각배.작은 배 동 片舟(편주)

干部 — 5劃	宀部 — 6劃
平	安
평평할 평	평안할 안

평안 : 무사하여 마음에 걱정이 없음. 回 安寧(안녕)

干部 — 5劃	口部 — 8劃
平	和
평평할 평	화할·순할 화

평화 : 평온하고 화목함. 예 戰爭平和(전쟁평화)

广部 — 15劃	水部 — 4劃
廢	水
폐지할 폐	물 수

폐수 : 사용하고 내버린 물. 예 汚染廢水(오염폐수)

巾部 — 5劃	衣部 — 6劃
布	衣
베·베풀 포	옷·입을 의

포의 : 베로 지은 옷. 벼슬이 없는 선비. 예 布衣寒士(포의한사)

石部 — 10劃	丶部 — 3劃
砲	丸
대포 포	둥글·알 환

포환 : 대포의 탄알. 포환던지기에 쓰이는 쇠로 만든 공.

風部 — 9劃	人部 — 9劃
風	俗
바람·풍속 풍	풍속·속될 속

풍속 : 예로부터 지켜 내려오는 생활에 관한 사회적 습관.

彳部 — 8劃	力部 — 6劃
彼	劣
저·저것 피	용렬할 렬

피열 : 저것이 더 못함. 예) 彼劣此勝(피열차승)

衤部 — 10劃	土部 — 11劃
被	執
입을·당할 피	잡을 집

피집 : 사로잡음. 예) 門徒被執(문도피집)

心部 — 5劃	儿部 — 6劃
必	先
반드시 필	먼저·조상 선

필선 : 반드시 먼저. 예) 必先理財(필선이재)

人部 — 7劃	攵部 — 9劃
何	故
어찌·누구 하	연고·까닭 고

하고 : 무슨 까닭. 예) 何故詳問(하고상문)

人部 — 7劃	人部 — 13劃
何	傷
어찌·누구 하	상할·다칠 상

하상 : '어찌 근심하겠는가' 라는 말.

子部 — 16劃	口部 — 11劃
學	問
배울 학	물을 문

학문 : 지식 따위를 배워서 익힘. 예) 學問精進(학문정진)

氵部 — 14劃	宀部 — 9劃
漢	室
한나라 한	집안·방 실

氵汁汁洪洪漢漢　　　宀宀宂宂宔室室

漢　　　　　　　室

한실 : 한(漢)나라의 왕실. 예 興復漢室(흥복한실)

門部 — 12劃	土部 — 7劃
閑	坐
한가할 한	앉을 좌

１ㄷドドド門門閑閑　　　ノ人人ルル坐坐

閑　　　　　　　坐

한좌 : 한가하게 앉아 있음. 예 閑坐說(한좌설)

口部 — 6劃	玉部 — 11劃
合	理
합할·모을 합	이치 리

ノ人人合合合　　　王珇理理理理理

合　　　　　　　理

합리 : 이치에 맞음. 예 合理主義(합리주의)

口部 — 6劃	戈部 — 7劃
合	成
합할·모을 합	이룰 성

ノ人人合合合　　　ノ厂厂厅成成成

合　　　　　　　成

합성 : 둘 이상의 것을 합하여 하나가 되거나 하나로 만듦.

己部 — 9劃	門部 — 12劃
巷	間
거리 항	사이 간

一廿井共共巷巷　　　１ㄷドドド門門間間

巷　　　　　　　間

항간 : 일반 민중들 사이. 예 巷間所聞(항간소문)

扌部 — 7劃	彳部 — 8劃
抗	彼
막을 항	저·저것 피

一十扌扩扩抗　　　ノノ彳彳犭犷彼彼

抗　　　　　　　彼

항피 : 저 ~에 대항함. 예 抗彼强敵(항피강적)

舟部 — 10劃	行部 — 6劃
航	行
배·건널 항	다닐 행

항행 : 배나 항공기가 항로를 따라 나아감.

氵部 — 10劃	足部 — 13劃
海	路
바다 해	길 로

해로 : 바닷길. 뱃길. 例 海路之要(해로지요)

角部 — 13劃	釆部 — 20劃
解	釋
풀 해	놓아줄 석

해석 : 뜻이나 내용 따위를 논리에 따라 풀어서 이해함.

角部 — 13劃	心部 — 12劃
解	惑
풀 해	미혹할 혹

해혹 : 의혹 따위를 없앰. 비 破惑(파혹)

行部 — 6劃	宀部 — 10劃
行	宮
다닐 행	집·궁궐 궁

행궁 : 임금이 거동할 때에 묵던 별궁.

香部 — 9劃	火部 — 16劃
香	燈
향기 향	등불·등잔 등

향등 : 향과 등불 例 香燈祈佛(향등기불)

阝部 — 13劃	里部 — 7劃
鄕	里
시골·마을 향	마을 리

향리 : 고향. 고향 마을. 예 故鄕鄕里(고향향리)

虍部 — 12劃	亅部 — 8劃
虛	事
빌·허공 허	일·섬길 사

허사 : 헛일 예 都是虛事(도시허사)

心部 — 16劃	八部 — 7劃
憲	兵
법 헌	군사·무기 병

헌병 : 군 병과(兵科)의 한 가지로 군의 경찰업무를 맡아봄.

貝部 — 19劃	女部 — 11劃
賢	婦
어질 현	지어미 부

현부 : 현명한 부인. 어진 며느리. 비 賢妻(현처)

貝部 — 19劃	女部 — 8劃
賢	妻
어질 현	아내 처

현처 : 어진 아내. 예 賢母良妻(현모양처)

頁部 — 23劃	止部 — 5劃
顯	正
드러날 현	바를 정

현정 : 바른 것을 드러냄. 예 破邪顯正(파사현정)

血部 — 6劃	肉部 — 10劃
血	脈
피 혈	맥·줄기 맥

` ′ ⌒ ⼧ 血 血 `   ` 月 ⽉ 肌 肌 脈 脈 脈 `

혈맥 : 혈액이 통하는 혈관. 예 血脈相通(혈맥상통)

虫部 — 16劃	雨部 — 11劃
螢	雪
개똥벌레 형	눈 설

` 艹 艹 炊 炊 螢 螢 螢 `   ` 一 ⼆ ⾬ ⾬ ⾬ 雪 雪 `

형설 : 반딧불과 눈빛으로 공부했다는 고사. 예 螢雪之功(형설지공)

彡部 — 7劃	宀部 — 10劃
形	容
형상 형	얼굴 용

` 一 ⼆ ⺞ 开 形 形 形 `   ` 宀 宀 宀 宂 容 容 容 `

형용 : 사물이 어떠 어떠함을 표현의 수단을 써서 나타냄.

儿部 — 5劃	又部 — 4劃
兄	友
맏·형 형	벗·우애 우

` 丨 冂 口 尸 兄 `   ` 一 ⼤ 方 友 `

형우 : 형의 사랑. 예 兄友弟恭(형우제공)

心部 — 15劃	日部 — 12劃
慧	智
총명할 혜	슬기·꾀 지

` ⼀ ⼺ ⼿ 彗 彗 慧 慧 `   ` 一 ⽮ ⽮ 知 智 智 智 `

혜지 : 총명한 슬기. 예 仁義慧智(인의혜지)

女部 — 6劃	大部 — 12劃
好	奢
좋을 호	사치할 사

` ⼄ ⼥ ⼥ 奵 奵 好 `   ` 六 本 夲 夻 夻 奢 奢 `

호사 : 사치를 좋아함. 예 好奢起貧(호사기빈)

言部 — 21劃	車部 — 9劃
護	軍
보호할 호	군사·병사 군

호군 : 조선 시대 오위의 정사품 무관 벼슬.

言部 — 21劃	身部 — 7劃
護	身
보호할 호	몸·나 신

호신 : 몸을 보호함. 예 護身術(호신술)

戈部 — 8劃	肉部 — 9劃
或	背
혹은·혹 혹	등·어길 배

혹배 : 혹은 등지고 함. 예 或面或背(혹면혹배)

日部 — 8劃	乙部 — 13劃
昏	亂
혼미할 혼	어지러울 란

혼란 : 흐리고 어지러움. 예 國家昏亂(국가혼란)

弓部 — 5劃	皿部 — 10劃
弘	益
넓을·클 홍	더할 익

홍익 : 큰 이익. 널리 이롭게 함. 예 弘益人間(홍익인간)

田部 — 12劃	宀部 — 10劃
畵	家
그림 화	집·집안 가

화가 : 그림 그리는 일을 전문으로 하는 사람.

口部 — 8劃	目部 — 13劃
和	睦
화할·순할 화	화목할 목

화목 : 서로 뜻이 맞고 정다움. 예 和睦家庭(화목가정)

艹部 — 8劃	鳥部 — 11劃
花	鳥
꽃 화	새 조

화조 : 꽃과 새. 예 花鳥月夕(화조월석)

貝部 — 11劃	巾部 — 15劃
貨	幣
재화 화	예물·돈 폐

화폐 : 상품 교환의 매개체로서 지불 수단이나 가치가 있는 돈.

石部 — 15劃	立部 — 5劃
確	立
확실할 확	설·세울 립

확립 : 확고하게 섬. 확고하게 세움. 예 紀綱確立(기강확립)

石部 — 15劃	人部 — 9劃
確	保
확실할 확	보전할 보

확보 : 확실하게 보유함. 예 人員確保(인원확보)

扌部 — 18劃	弓部 — 11劃
擴	張
넓힐 확	베풀·늘일 장

확장 : 범위·세력 따위를 늘려서 넓힘. 예 事業擴張(사업확장)

玉部 — 17劃	土部 — 14劃
環	境
고리·두를 환	지경·경우 경

환경 : 생물이나 인간을 둘러싸고 있는 자연적 조건이나 사회적 상황.

辶部 — 17劃	止部 — 18劃
還	歸
돌아올 환	돌아갈 귀

환귀 : 다시 돌아옴. 예) 還歸本主(환귀본주)

木部 — 10劃	隹部 — 12劃
桓	雄
굳셀 환	숫컷·영웅 웅

환웅 : 단군의 아버지. 천신인 환인의 서자.

木部 — 10劃	口部 — 6劃
桓	因
굳셀 환	인할·인연 인

환인 : 하늘의 신. 천신. 환웅의 아버지.

黃部 — 12劃	金部 — 8劃
黃	金
누를 황	쇠 금

황금 : 금이 누른 데서 이르는 말. 돈이나 재물을 뜻함.

艹部 — 10劃	氵部 — 11劃
荒	淫
거칠 황	음란할 음

황음 : 지나치게 여색에 빠짐. 예) 荒淫眈樂(황음탐락)

日部 — 13劃	言部 — 15劃
會	談
모일 회	말씀 담

ㅅㅅ合合合會會會　　　言言訟訟談談談

會　會　會　會　談　談　談　談

회담 : 만나거나 모여서 의논함. 예 頂上會談(정상회담)

犭部 — 17劃	彳部 — 11劃
獲	得
얻을 획	얻을 득

犭犭犭犭獲獲獲　　　彳彳彳得得得得

獲　獲　獲　獲　得　得　得　得

획득 : 얻어내거나 얻어가짐. 예 資格獲得(자격획득)

木部 — 16劃	罒部 — 13劃
橫	置
가로 횡	둘·세울 치

木栌栌樺横横横　　　罒罒罒罘罝置置

橫　橫　橫　橫　置　置　置　置

횡치 : 가로로 놓음. 예 白板橫置(백판횡치)

日部 — 16劃	日部 — 9劃
曉	星
새벽 효	별 성

日日旷旷睦睦曉　　　丶口日日旦早星

曉　曉　曉　曉　星　星　星　星

효성 : 새벽에 뜨는 샛별. 예 殘月曉星(잔월효성)

子部 — 7劃	弓部 — 7劃
孝	弟
효도 효	아우·제자 제

一十土耂考孝孝　　　丶丷丷当弟弟弟

孝　孝　孝　孝　弟　弟　弟　弟

효제 : 효성스럽고 공손함. 예 其人孝弟(기인효제)

彳部 — 9劃	車部 — 9劃
後	軍
뒤·늦을 후	군사·병사 군

彳彳彳後後後後　　　一冖冃目宣軍軍

後　後　後　後　軍　軍　軍　軍

후군 : 뒤에 있는 군대. 예 擊其後軍(격기후군)

言部 — 10劃	氏部 — 5劃
訓	民
가르칠 훈	백성 민

훈민 : 백성을 가르침. 예) 訓民正音(훈민정음)

殳部 — 13劃	扌部 — 13劃
毀	損
헐·훼방 훼	덜·잃을 손

훼손 : 체면이나 명예, 또는 사물 따위를 손상함.

扌部 — 12劃	手部 — 4劃
揮	手
휘두를 휘	손·수단 수

휘수 : 손을 흔듦. 예) 揮手送人(휘수송인)

臼部 — 15劃	彳部 — 12劃
興	復
일어날 흥	회복할 (부)복

흥복 : 쇠퇴하였던 것이 다시 일어남. 비) 復興(부흥)

口部 — 12劃	心部 — 9劃
喜	怒
기쁠 희	성낼 노

희노 : 기쁨과 노여움. 예) 喜怒哀樂(희노애락)

巾部 — 7劃	月部 — 11劃
希	望
바랄 희	바랄 망

희망 : 소망을 가지고 기대하여 바람. 예) 希望價格(희망가격)

漢文敎科書에 나오는 故事成語

刻骨難忘(각골난망)
〖풀이〗 입은 은혜에 대한 고마운 마음이 뼈 속에 깊이 사무쳐 잊혀지지 않음. ¶선생님의 은혜 ~ 이로소이다.
- 비 刻骨銘心(각골명심)
- 반 刻骨痛恨(각골통한)

刻舟求劍(각주구검)
〖풀이〗 시세의 변천도 모르고 낡은 생각만을 고집하여 이를 고치지 않는 어리석음을 비유하여 이르는 말.
〖고사〗 초나라 사람이 배에서 칼을 떨어뜨렸는데, 떨어뜨린 위치를 뱃전에 표를 해놓은 후 배가 앞으로 간 것은 생각 않고 배가 멈춘 후에 표시한 뱃전 밑의 물속에서 칼을 찾으려 했다는 이야기.
《출전:呂氏春秋》

改過遷善(개과천선)
〖풀이〗 지난날의 허물을 고치고 옳은 길로 들어섬.
- 비 改過自新(개과자신)

犬馬之勞(견마지로)
〖풀이〗 ① 개나 말이 주인에게 충성스러움과 같이 온 정성을 다하여 일을 하며 받든다는 뜻. ② 윗사람에게 자신의 노력을 겸손하게 이르는 말.
- 비 犬馬之誠(견마지성), 犬馬之役(견마지역).

輕擧妄動(경거망동)
〖풀이〗 경솔하고 망령되게 행동함. ¶~하지 말고 매사에 신중히 처신하라.
- 비 躁動(조동)
- 준 輕動(경동)

鷄口牛後(계구우후)
〖풀이〗 큰 단체의 꼴찌보다는 작은 단체의 우두머리가 됨이 오히려 나음을 이르는 말.
《출전:史記》

鷄鳴狗盜(계명구도)
〖풀이〗 비굴한 꾀를 써서 남을 속이는 천박한 사람.
〖고사〗 제(齊)나라의 맹상군(孟賞君)이 진(秦)나라 소왕(昭王)에게 죽게 되었을 때, 좀도둑과 닭의 울음소리를 낼 수 있는 식객의 도움으로 피신할 수 있었다는 고사.
《출전:史記》

孤軍奮鬪(고군분투)
〖풀이〗 ① 도움이 없고 수가 적은 군사가 대적(大敵)과 용감하게 잘 싸우는 것. ② 남의 도움을 받지 않고 힘에 벅찬 일을 잘 해내는 것을 비유하여 이르는 말. ¶~하였으나 패하고 말았다.

鼓腹擊壤(고복격양)
〖풀이〗 배를 두드리며 땅을 친다는 뜻으로, 의식이 풍부하여 태평성세를 즐김.
〖고사〗 요(堯)임금 때 한 노인이 배를 두드리고 땅을 치면서 요임금의 덕을 찬양하고 태평을 즐겼다는 고사.
《출전:十八史略 五帝》

苦肉之策(고육지책)
〖풀이〗 적을 속이기 위하여, 자신의 희생을 무릅쓰고 꾸미는 계책.
- 비 苦肉之計(고육지계)
- 준 苦肉策(고육책)

孤掌難鳴(고장난명)
풀이 한쪽 손뼉으로는 소리를 내지 못한다는 뜻으로, ① 혼자서는 일을 이루기가 어려움. ② 맞서는 이가 없으면 싸움이 되지 않음.
《출전:傳燈錄》
🔸 獨掌難鳴(독장난명)

苦盡甘來(고진감래)
풀이 쓴 것이 다하면 단 것이 온다는 뜻으로, 고생 끝에 즐거움이 온다는 말. ¶옛말에도 ~라 했어. 꾹 참고 견뎌봐. 머지않아 좋은 결과가 있을 거야.

過猶不及(과유불급)
풀이 정도를 지나침은 미치지 못한 것과 같음. 중용(中庸)을 중히 여김.
☞ 過不及(과불급)

管鮑之交(관포지교)
풀이 아주 친한 친구 사이의 사귐을 말함.
고사 중국의 관중(管仲)과 포숙아(鮑叔牙)의 우정이 퍽 두터웠다는 고사.
《출전:列子》
🔸 刎頸之交(문경지교), 水魚之交(수어지교)

矯角殺牛(교각살우)
풀이 소의 뿔을 바로잡으려다가 소를 죽인다는 지나쳐 오히려 일을 그르침.

巧言令色(교언영색)
풀이 교묘한 말과 아첨하는 얼굴빛. 즉, 소인의 교묘한 수단과 아양부리는 태도를 이름.

口尙乳臭(구상유취)
풀이 입에서 아직 젖내가 난다는 뜻으로, 말이나 하는 짓이 아직 유치함을 이르는 말.

《출전:史記》

群鷄一鶴(군계일학)
풀이 닭의 무리 가운데 한 마리의 학이라는 뜻으로, 여럿 가운데서 가장 뛰어난 사람.
《출전:晉書》
🔸 鷄群孤鶴(계군고학), 鷄群一鶴(계군일학)

群雄割據(군웅할거)
풀이 많은 영웅들이 제각기 각지에서 자리잡고 서로 세력을 다툼.

窮餘之策(궁여지책)
풀이 막다른 골목에서 그 국면을 타개하려고 생각다 못해 짜낸 꾀. ¶그는 빚을 갚을 길이 없어 ~으로 집을 팔기로 했다.
🔸 窮餘一策(궁여일책)

權謀術數(권모술수)
풀이 목적 달성을 위하여 수단·방법을 가리지 않는 온갖 재주. 온갖 꾀. ¶~에 능한 인물을 조심하라. / ~를 쓰다.
🔸 權謀術策(권모술책)
🔹 權數(권수), 權術(권술)

金科玉條(금과옥조)
풀이 금이나 옥처럼 귀중히 여기는 법칙이나 규정. ¶정직하게 살아야 한다는 아버님의 말씀을 ~로 삼고 있다.
《출전:楊雄》

金蘭之契(금란지계)
풀이 친구 사이의 매우 두터운 우정을 이름. 금(金)은 지극히 견고하지만, 두 사람의 마음을 합하면 그 견고함이 금을 능히 절단할 수 있으며, 두 사람의 진실의 말을 향기로운 난초에 비유하여 금란이라 함.

《출전:世說》

錦上添花(금상첨화)
〖풀이〗 비단 위에 꽃을 더한다는 뜻으로, 그렇지 않아도 좋은데 그 위에 더 좋은 것을 보태는 것. ¶ 좋아하는 일도 할 수 있고 돈도 벌 수 있으니 ~아닌가
《출전:王安石》
🔄 雪上加霜(설상가상)

金城湯池(금성탕지)
〖풀이〗 금으로 세운 성과 뜨거운 물로 가득 채운 성주위에 둘러 판 못이라는 뜻으로, 방비가 아주 튼튼한 성을 말함.
《출전:漢書》
🔄 金城鐵壁(금성철벽)

錦衣還鄕(금의환향)
〖풀이〗 비단옷을 입고 고향에 돌아온다는 뜻으로 벼슬을 하거나 성공하여 고향에 돌아옴을 이르는 말.

杞人之憂(기인지우)
〖풀이〗 일에 대한 쓸데없는 군걱정. 무익한 근심. 헛걱정.
〖고사〗 중국 기나라의 한 사람이 만일 하늘이 무너지면 죽을 것이니 어디로 피하면 좋을 것인가 하고 침식을 잊고 근심하였다는 고사.
《출전:列子》
🔄 杞憂(기우)

騎虎之勢(기호지세)
〖풀이〗 범을 타고 달리는 형세라는 뜻으로, 중도에서 그만둘 수 없는 형세를 말함.

多多益善(다다익선)
〖풀이〗 많을수록 더욱 좋음.
〖고사〗 한신이 당나라의 高祖(고조)와 장수의 역량에 대해서 얘기할 때, 고조는 10만 정도를 지휘할 수 있는 그릇이지만, 자신은 병사의 수가 많을수록 잘 지휘할 수 있다고 한 고사.
《출전:史記》

斷機之戒(단기지계)
〖풀이〗 학문을 중도에서 그만두면 아무 쓸모 없이 된다고 경계함을 이르는 말. 맹모 단기지교(孟母斷機之敎).
〖고사〗 맹자(孟子)가 수학도중 집에 돌아오자, 그의 어머니가 짜던 베를 끊어 그를 훈계하였다는 고사.
《출전:後漢書》

對牛彈琴(대우탄금)
〖풀이〗 소 앞에서 거문고를 뜯는다는 뜻으로, 어리석은 사람을 향하여 도리를 일러도 알아듣지 못함을 이르는 말.
《출전:莊子》
🔄 牛耳讀經(우이독경), 牛耳誦經(우이송경)

同價紅裳(동가홍상)
〖풀이〗 같은 값이면 다홍치마라는 뜻으로, 같은 값이면 좋은 물건을 가짐을 말함.

同病相憐(동병상련)
〖풀이〗 ① 같은 병을 앓는 사람끼리 서로 가엾게 여김. ② 어려운 사람끼리 동정하고 도움. ¶ ~하는 사람들끼리 모인 공동체.
《출전:吳越春秋》

東奔西走(동분서주)
〖풀이〗 이리저리 바쁘게 돌아다님. ¶ 그는 사업상 ~하여 자리를 지키고 있는 시간이 거의 없었다.

🔷 東走西奔(동주서분), 東馳西走(동치서주)

同床異夢(동상이몽)
풀이 같은 자리에 자면서 꿈을 다르게 꾼다는 뜻으로, 겉으로는 같이 행동하면서도 속으로는 각각 딴 생각을 함.
🔷 同床各夢(동상각몽)

燈下不明(등하불명)
풀이 등잔 밑이 어둡다는 뜻으로, 가까이에서 생긴 일을 오히려 잘 모름을 이르는 말. ¶ ~이라더니 우리 동네에서 일어난 일을 나만 모르고 있었군.

燈火可親(등화가친)
풀이 서늘한 가을 밤은 등불을 가까이 하여 글 읽기에 좋다는 말. ¶ 가을은 ~의 계절이다.
《출전:韓愈》

梁上君子(양상군자)
풀이 도둑을 듣기 좋게 이르는 말.
고사 옛날 중국 후한의 진식(陣寔)이라는 사람이 자기 집 대들보에 앉아 있는 도둑을 보고 자손들에게 '저 대들보 위에 있는 자가 본시는 군자였다'고 말하자 그 도둑이 감격하여 뛰어내려 용서를 구하였다는 고사.
《출전:後漢書》

良藥苦口(양약고구)
풀이 좋은 약은 입에 쓰다는 뜻으로, 충언(忠言)은 귀에 거슬리나 자신에게 이롭다는 말.
《출전:孔子》
🔷 忠言逆於耳(충언역어이)

勞心焦思(노심초사)
풀이 마음으로 애를 쓰며 속을 태움. ¶ 그는 파산 직전의 회사 재건을 위하여 ~하였다.

弄假成眞(농가성진)
풀이 장난삼아 한 것이 진심으로 한 것 같이 됨.
🔷 假弄成眞(가롱성진)

龍頭蛇尾(용두사미)
풀이 머리는 용이나 꼬리는 뱀이라는 뜻으로, 처음은 좋으나 끝이 좋지 않음을 비유한 말.
《출전:五燈會元》

龍味鳳湯(용미봉탕)
풀이 맛이 썩 좋은 음식을 비유하여 이르는 말.

累卵之危(누란지위)
풀이 새알을 쌓아 올린 것처럼 아슬아슬한 위험. 보기에 매우 위태위태한 것을 이르는 말.
🔷 累卵之勢(누란지세)

立身揚名(입신양명)
풀이 세상에 나가 출세하여 이름을 드날림. ¶ 그는 젊은시절의 가난을 모두 극복하고 ~한 대표적인 인물이다.

莫逆之友(막역지우)
풀이 거스르는 일이 없는 친구라는 뜻으로, 아주 허물없이 지내는 친구를 말한다.
《출전:莊子》

萬頃蒼波(만경창파)
풀이 끝없이 너른 바다. ¶ ~에 뜬 일엽편주 같은 신세.

萬事亨通(만사형통)
풀이 모든 일이 거리낌없이 잘 됨. ¶ 새해에는 ~하기를 빕니다.

茫然自失(망연자실)
풀이 멍하니 정신을 잃는 것. ¶ 그가 죽었다는 말을 듣고 나는 한동안 ~하였다.

孟母三遷(맹모삼천)
《풀이》 교육에는 환경적 요인이 중요함.
《고사》 맹자와 그 어머니가 처음에 묘지 근처에 살았더니 맹자가 장사지내는 흉내를 내므로 시장 가까이로 이사했는데, 이번에는 물건을 사서 파는 흉내를 내므로 다시 서당 가까이로 이사를 했더니 예의범절을 흉내내므로 그곳에 거처를 정했다는 고사.

明若觀火(명약관화)
《풀이》 불을 보는 것처럼 밝음. 곧 더 말할 나위 없이 명백함. 뻔함. ¶ 바싹 마른 나무에 불을 붙였으니 잘 타는 것은 ~한 일이다.
비 觀火(관화)

沐浴齋戒(목욕재계)
《풀이》 부정을 타지 않도록 목욕하고 몸가짐을 깨끗이 하는 일. ¶ ~하고 조상들께 제사를 올리다.

無所不能(무소불능)
《풀이》 능하지 않은 것이 없음. ¶ ~의 권위를 가지다.

刎頸之交(문경지교)
《풀이》 벗을 위해서라면 목이 잘려도 한이 없을 만큼 친밀한 사이.
《출전:史記》
비 刎頸之友(문경지우)

拍掌大笑(박장대소)
《풀이》 손뼉을 치며 크게 웃음. ¶ 그 사람이 너무나도 어이없고 어리석은 대답을 하는 바람에 듣고 있던 사람들이 ~하였다.
비 呵呵大笑(가가대소)

博學多識(박학다식)
《풀이》 학문이 넓고 식견이 많음. ¶ 그 분은 ~하여 주위로부터 존경을 받는다.
비 博學多聞(박학다문)

拔本塞源(발본색원)
《풀이》 뿌리를 뽑아 버리고 원인을 막아 버린다는 뜻으로, 폐단의 근원을 아주 뽑아서 없애 버리는 것. ¶ 공무원들의 선거 부정을 ~하라
《출전:左傳》

背水之陣(배수지진)
《풀이》 ① 적과 싸울 때 바다나 강을 등지고 치는 진(陣). ② 어떤 일을 성취하기 위하여 무릅써야 하는 위험을 비유적으로 이르는 말.
《고사》 한(漢)나라 한신이 강을 등지고 진을 쳐서 자기 편에게 필승의 각오를 확고하게 하여 조(趙)나라의 군사를 물리쳤다는 고사.

白依從軍(백의종군)
《풀이》 벼슬이 없이 군대를 따라 전장으로 감. ¶ 이순신 장군은 원균 일파의 무고로 삭탈 관직되었다가 권율장군의 휘하에서 ~하였다.

輔國安民(보국안민)
《풀이》 나라 일을 돕고 백성을 편안하게 함.

夫唱婦隨(부창부수)
《풀이》 남편이 주장하고 아내가 잘 따르는 것이 부부 사이의 도리라는 뜻.
《출전:關尹子》
준 唱隨(창수)

不撤晝夜(불철주야)
《풀이》 어떤 일에 골몰하느라고 밤낮을 가리지 아니함. 또는, 그 모양. ¶ ~로 노력하다. /~실험에 몰두하다.

不恥下問(불치하문)
《풀이》 아랫사람이나 자기보다 못한 사람에게 묻는 것을 부끄러워하지 아니함.

沙上樓閣(사상누각)
《풀이》 모래 위에 세운 누각이라는 뜻으로, 기초가 튼튼하지 못하여 오래 견디지 못할 일이나 물건을 비유하는 말.

削奪官職(삭탈관직)
《풀이》 죄지은 자의 벼슬과 품계를 빼앗고 벼슬아치의 명부에서 이름을 깎아 버림. 삭탈.
준 削職(삭직)

山海珍味(산해진미)
《풀이》 산과 바다의 산물을 다 갖추어 썩 잘 차린 진귀한 음식. 곧, 온갖 재료로 만든 맛좋은 음식.
비 山珍海味(산진해미), 山珍海錯(산진해착), 水陸珍味(수륙진미), 海陸珍味(해륙진미)

三顧草廬(삼고초려)
《풀이》 인재를 맞아들이기 위하여 참을성 있게 마음을 씀을 이르는 말.
《고사》 중국 촉한(蜀漢)의 임금 유비(劉備)가 제갈량(諸葛亮)의 초옥을 세 번이나 방문하여 마침내 군사(軍師)로 삼았다는 고사.
《출전:蜀志》

삼라만상(森羅萬象)
《풀이》 우주 사이에 벌여 있는 온갖 사물과 형상.
¶ ~이 잠든 듯이 고요한 밤.
《출전:法句經》
비 萬彙群象(만위군상)

三尺童子(삼척동자)
《풀이》 키가 아직 석 자밖에 자라지 않은 아이. 곧, 어린아이를 가리킴. ¶ 이 일은 ~도 다 아는 사실이다.

桑田碧海(상전벽해)
《풀이》 뽕나무 밭이 변하여 푸른 바다가 된다는 뜻으로, 세상 일의 변천이 심함의 비유.
비 碧海桑田(벽해상전), 滄桑之變(창상지변), 陵谷之變(능곡지변)
준 桑碧(상벽), 桑海(상해)

塞翁之馬(새옹지마)
《풀이》 인생의 길흉 화복은 변화가 많아 예측하기 어렵다는 말.
《고사》 옛날에 새옹의 말이 도망쳐서 낙심하였는데, 훌륭한 말을 다시 얻게 되었고, 그 말을 타던 아들이 낙마하여 다리가 부러졌는데, 그 바람에 아들은 병역이 면제되어 목숨을 구했다는 고사.
《출전:淮南子》

生者必滅(생자필멸)
《풀이》【불】생명이 있는 것은 반드시 죽음. 인생의 무상을 이르는 말.
비 盛者必衰(성자필쇠)

束手無策(속수무책)
《풀이》 어찌할 도리가 없어 묶은 듯이 꼼짝 못함.
¶ 급류에 휩쓸린 사람을 보고도 워낙 물살이 세고 날마저 저물어 ~ 이었다.
준 束手(속수)

水魚之交(수어지교)
《풀이》 ① 아주 친밀하여 떨어질래야 떨어질 수 없는 사이. ② 임금과 신하 사이의 아주 친밀함을 이르는 말. ③ 부부의 화목함을 이르는 말.
《출전:蜀志》
비 水魚之親(수어지친)

宿虎衝鼻(숙호충비)
《풀이》 자는 호랑이의 코를 찌른다는 뜻으로, 공

연히 건드려서 화를 입거나 일을 불리하게 만듦.
《출전:松南雜識》

脣亡齒寒(순망치한)
《풀이》 입술이 없으면 이가 시리다는 뜻으로, 가까운 사이의 하나가 망하면 다른 하나도 그 영향을 받음.

神出鬼沒(신출귀몰)
《풀이》 귀신같이 나타났다가 사라진다는 뜻으로, 자유자재로 출몰하여 그 변화를 쉽사리 알 수 없음. ¶ ~하는 범인들을 지명 수배하고 현상금이 걸리다.

深思熟考(심사숙고)
《풀이》 깊이 잘 생각하는 것. 또는, 그런 생각. ¶ ~하여 처리할 문제.

十匙一飯(십시일반)
《풀이》 열 술이면 한 사람분의 먹을 양식이 된다는 뜻으로, 여럿이 힘을 합하면 한 사람을 돕기 쉽다는 비유.
🔵 十人一匙(십인일시)

謁聖及第(알성급제)
《풀이》 조선 시대에 임금이 문묘에 참배한 뒤 성균관에서 보던 과거를 알성과(謁聖科)라 했는데, 이 시험에 합격하는 것. 또는, 합격한 사람.

羊頭狗肉(양두구육)
《풀이》 양의 머리를 걸어놓고 실제로는 개고기를 판다는 뜻으로, 겉으로는 그럴듯하게 내세우나 속은 변변하지 않음.
《출전:無門關》

漁父之利(어부지리)
《풀이》 양자가 다투는 바람에 엉뚱한 제삼자가 이익을 보게 됨을 이르는 말.
《고사》 도요새가 무명조개를 먹으려다 주둥이를 조개껍질에 집혀 서로 다투는 것을 어부가 지나다가 보고 둘 다 잡고 말았다는 고사
《출전:戰國策》
🔵 漁人之功(어인지공)
🔶 漁利(어리)

烏飛梨落(오비이락)
《풀이》 까마귀 날자 배 떨어진다는 뜻으로, 어떤 우연한 일치로 억울하게 혐의를 받거나 난처한 입장에 서게 됨.

吾鼻三尺(오비삼척)
《풀이》 내 코가 석 자라는 뜻으로, 나의 사정이 급박하여 남을 돌보아 줄 겨를이 없음.

臥薪嘗膽(와신상담)
《풀이》 마음 먹은 일을 이루기 위하여 온갖 괴로움을 무릅씀을 이르는 말.
《고사》 오(吳)의 왕 부차(夫差)가 아버지의 원수를 갚기 위하여 장작 더미 위에서 잠을 자며 복수의 일념을 불태웠고, 그에게 패배한 월(越)의 왕 구천(句踐)이 쓸개를 핥으며 보복을 다짐한 끝에 부차를 패배시켰다는 고사.
《출전:吳越春秋》

外柔內剛(외유내강)
《풀이》 겉으로는 부드럽고 순하나 속은 곧고 꿋꿋함.
🔵 內剛外柔(내강외유), 剛柔兼全(강유겸전)
🔶 外剛內柔(외강내유)

牛耳讀經(우이독경)
《풀이》 소 귀에 경(經)을 읽는다는 뜻으로, 아무리 가르치고 일러주어도 알아듣지 못함.
🔵 牛耳誦經(우이송경)

遠禍召福(원화소복)
풀이 재앙을 물리쳐 멀리하고 복을 불러들임.
¶ ~하여 백성들이 태평성대를 누렸다.

流芳百世(유방백세)
풀이 꽃다운 이름이 후세에 길이 전함.
비 遺臭萬年(유취만년)

有備無患(유비무환)
풀이 미리 준비가 갖추어져 있으면 근심될 것이 없음.
《출전:春秋左氏專》

有終之美(유종지미)
풀이 끝까지 잘하여 맺은 좋은 결과 ¶ ~를 거두도록 최선을 다하길 바란다.
준 有終美(유종미)

隱忍自重(은인자중)
풀이 밖으로 드러내지 않고 참으며 몸가짐을 신중히 하는 것. ¶ ~하며 다음 기회를 기다리도록 합시다.

因果應報(인과응보)
풀이 【불】전생에서의 행위의 결과로서 현재의 행·불행이 있고, 현세에서의 행위의 결과로서 내세에서의 행·불행이 생기는 일.
비 因果報應(인과보응)
준 果報(과보)

因循姑息(인순고식)
풀이 낡은 관습이나 폐단을 벗어나지 못하고 당장의 편안함을 취함.

一擧兩得(일거양득)
풀이 한 가지 일로 두 가지 이득을 얻음. ¶ 꿩 먹고 알 먹었으니 이야말로 ~이다.
《출전:齊書》
비 一石二鳥(일석이조)
준 兩得(양득)

一脈相通(일맥상통)
풀이 사고 방식이나 성질 등이 어떠한 점에서 서로 통함. ¶ 그와는 ~하는 점이 있다.

一場春夢(일장춘몽)
풀이 한바탕의 봄꿈이라는 뜻으로, 헛된 영화나 덧없는 일의 비유. ¶ 모든 것이 ~이 되어 버렸다.
《출전:侯鯖錄》

一片丹心(일편단심)
풀이 한 조각의 붉은 마음이라는 뜻으로, 진정으로 우러나오는 충성된 마음을 말한다. ¶ 임 향한 ~이야 가실 줄이 있으랴. (鄭夢周·丹心歌)

臨機應變(임기응변)
풀이 그때그때의 사정과 형편을 보아 그에 알맞게 그 자리에서 처리함. ¶ ~에 능하다지만 그때는 정말 당황했다.
준 應辯(응변)

自激之心(자격지심)
풀이 어떠한 일에 대하여 자기 스스로 미흡하게 여기는 마음. ¶ 그가 애써 어려운 말로 이야기하는 것은 대학을 나오지 못했다는 ~에서 이다.

自暴自棄(자포자기)
풀이 절망 상태에 빠져서, 스스로 자신을 포기하여 돌아보지 않음. ¶ 대학 입시에 번번이 실패하자 그는 ~에 빠져 버렸다.
《출전:孟子》

賊反荷杖(적반하장)
풀이 도둑이 도리어 매를 든다는 뜻으로, 잘못한 사람이 도리어 아무 잘못도 없는 사람을 나무람을 말함.

積如丘山(적여구산)
풀이 어떤 것이 산더미 같이 많이 쌓여 있음.

適材適所(적재적소)
풀이 알맞은 인재를 알맞은 자리에 씀. ¶ ~에 인물을 배치하여 업무의 효과를 극대화하다.

轉禍爲福(전화위복)
풀이 언짢은 일이 계기가 되어 오히려 좋은 일이 생김.
《출전:史記》

切磋琢磨(절차탁마)
풀이 돌 등을 갈고 닦아서 빛을 낸다는 뜻으로, 학문·도덕·기예 등을 열심히 닦음.
《출전:詩經》

朝令暮改(조령모개)
풀이 아침에 명령을 내렸다가 저녁에 다시 고친다는 뜻으로, 법령을 자꾸 이리저리 고쳐 갈피를 잡기가 어려움을 이르는 말.
📁 朝令夕改(조령석개)

朝三暮四(조삼모사)
풀이 간사한 꾀로 남을 속여 농락함을 이르는 말.
고사 송(宋)나라의 저공(狙公)이 자신이 키우는 원숭이들에게 아침에 3개, 저녁에 4개씩 먹이를 주겠다고 하자 화를 내므로, 아침에 4개, 저녁에 3개씩 주겠다고 하니 원숭이들이 기뻐하였다는 고사
《출전:列子》

種豆得豆(종두득두)
풀이 콩심은 데 콩 난다는 뜻으로, ① 원인에는 그에 따른 결과가 온다는 뜻. ② 어버이와 아주 딴판인 자식은 없다는 뜻.
《출전:明心寶鑑》

縱橫無盡(종횡무진)
풀이 자유자재로 거침없이 마음대로 하는 상태. ¶ 그 선수는 ~으로 그라운드를 누비며 맹활약하였다.

主客顚倒(주객전도)
풀이 사물의 경중·선후·완급이 서로 뒤바뀜.

晝耕夜讀(주경야독)
풀이 낮에는 농사일을 하고 밤에는 글을 읽는다는 뜻으로, 어려운 여건 속에서도 꿋꿋이 공부함을 비유하는 말. ¶ ~으로 고시에 합격하다.

周到綿密(주도면밀)
풀이 주의가 두루 미쳐 자세하고 빈틈이 없음. ¶ ~한 계획을 세우다.

竹馬故友(죽마고우)
풀이 대막대기로 만든 말을 타고 함께 놀던 친구라는 뜻으로, 어릴 때부터 친한 벗을 일컫는 말.
📁 竹馬舊友(죽마구우), 竹馬之友(죽마지우)

衆寡不敵(중과부적)
풀이 적은 수효로는 많은 수효에 맞서지 못함. ¶ 우리 힘만으로 싸우기는 ~이다.
📁 寡不敵衆(과부적중)

指鹿爲馬(지록위마)
풀이 ① 윗사람을 농락하여 권세를 마음대로 휘두르는 것. ② 모순된 것을 끝까지 우겨 남을

속이려는 것.
《고사》 진(秦)나라의 조고(趙高)가 자신의 권세를 시험해 보고자 2세 황제 호해(胡亥)에게 사슴을 가리키며 말이라고 한 고사.
《출전:史記》

至誠感天(지성감천)
《풀이》 어떤 일을 지극한 정성으로 하면 하늘도 감동하여 좋은 결과를 얻는다는 말.

滄海一粟(창해일속)
《풀이》 넓은 바다 속의 좁쌀 하나라는 뜻으로, 광대한 것 중의 아주 하찮은 것을 이르는 말.
《출전:蘇軾의 詩》

千辛萬苦(천신만고)
《풀이》 갖은 애를 쓰며 고생을 하는 것. ¶ ~를 겪다. / 그들은 때아닌 폭설로 산에서 조난을 당하여 ~끝에 살아 돌아왔다.

天壤之差(천양지차)
《풀이》 하늘과 땅의 차이라는 뜻으로, 매우 차이가 심한 것을 이름. ¶ 두 기계의 성능은 ~가 있다.
비 宵壤之差(소양지차), 天壤之間(천양지간), 雲泥之差(운니지차), 天地相隔(천지상격), 天淵之差(천연지차)

徹頭徹尾(철두철미)
《풀이》 처음부터 끝까지 철저하게. ¶ 그는 원칙에 ~한 사람이다.
《출전:朱子語類》
비 徹上徹下(철상철하)

靑出於藍(청출어람)
《풀이》 쪽(푸른 물감을 만드는 풀)에서 뽑아낸 푸른 물감이 쪽보다 더 푸르다는 뜻으로, 제자가 스승보다 나음을 이르는 말이다.
《출전:荀子》
준 出藍(출람)

草綠同色(초록동색)
《풀이》 풀과 녹색은 같은색이라는 뜻으로, 서로 같은 처지나 같은 부류의 사람들끼리 함께 함을 이르는 말.

貪官汚吏(탐관오리)
《풀이》 탐욕스럽고 청렴하지 못한 관리. ¶ 오늘이 사태는 요직을 차지하고 있는 ~들이 있는 한 언제고 재발할 수밖에 없는 일이다.

兎死狗烹(토사구팽)
《풀이》 토끼가 죽으면 사냥개를 삶는다는 뜻으로 일이 있을 때는 실컷 부려 먹다가 일이 끝나면 돌보지 않고 학대함을 이르는 말.
《출전:史記》

破邪顯正(파사현정)
《풀이》【불】사견(인과의 도리를 무시하는 망견)·사도(올바르지 않은 그릇된 길)를 깨어 버리고 바른 교법을 창현하는 것.

飽食煖衣(포식난의)
《풀이》 배불리 먹고 따뜻하게 입는다는 뜻으로, 생활이 넉넉함을 이르는 말. 지나치게 편안한 것은 패륜을 낳는다는 경계의 뜻도 있다.
《출전:孟子》
준 飽煖(포난)

咸興差使(함흥차사)
《풀이》 심부름을 가서 돌아오지 않거나 아무 소식이 없음을 비유하는 말.
《고사》 조선 태조가 왕위를 물려주고 함흥에 있을때, 태종이 사신을 보내도 전혀 소식이 없었다